# 中村天風
# めげない
# ひるまない
# 立ちどまらない

池田 光

三笠書房

# はじめに　…あなたの人生を鼓舞する「運命好転」の言葉

多くの人々に、生きる勇気を与え、その人生に〝奇跡〟を起こし続けた中村天風《なかむらてんぷう》（一八七六〜一九六八）。天風という人物を物語る、こんな言葉があります。

「相手が勝ったんだ。今度はオレが勝つよ」

ある日のこと、天風は仲間とともにテニスの試合を楽しんでいました。結果は、天風の負けでした。すると、別のコートから小走りでやってきた門下生の一人が、

「先生、試合に負けたんですって？」

と訊きました。天風は即座に、

「相手が勝ったんだ。今度はオレが勝つよ」

と呵々大笑《かかたいしょう》したのです。

「積極的な言葉を使いなさい」と教える天風は、プラス言葉を使う名手でもありまし

た。だから、「オレが負けた」とは言わず、「相手が勝った」と笑ってみせたのです。

天風の思考法は「勝った―負けた」ではなく、何事にもとらわれない大いなる積極的精神（絶対積極）に立脚していました。絶対の境地から見れば、相手が勝っても自分が勝っても、どちらかが「勝つ」ことに変わりはありません。そして、人生というフィールドでは、お互いが勝利者になることができるのです。

この場に居合わせた弟子たちは天風にならい、以後は試合に負けても、「相手が勝ったんだ。だけど今度はこちらが勝つよ」と、平然と応対するようになったに違いありません。そうであってこそ、ゲームを楽しむ余裕も生まれるというものです。

また、天風は精力的に講演を行いました。講演先では、聴衆に向かって「元気かい？」と挨拶するのが常でした。

そもそも、挨拶とは禅宗から生まれた言葉で、師匠が弟子の心の成長を尋ねることが語源です。弟子の心の成長を尋ねることが「挨拶」の本来の意味だとすれば、「元気かい？」という天風の挨拶は、まことに当を得たものであったと言えるでしょう。

この大宇宙の根本は〝気〟であり、人も宇宙も気から成っているると天風は言います。大宇宙に遍満《へんまん》している気が、われわれの身体に注がれ満ちると元気になるのです。「元気かい？」の挨拶は、おまえたち、大宇宙の気が注がれる生き方をしているか、つまり積極的に生きているか、と弟子の成長を推しはかる言葉だったのです。

そうと分かれば、二つ返事で「はい！」と答えることです。即答することが、元気を示すことにほかなりません。このとき、「えぇっと昨日はどうだったか、一昨日はどうだったか……」とダラダラと思い返していては、勝ち運に乗り損ねてしまいます。

本書では、①力　②積極　③信念　④運命の四つの観点から天風哲学を解説し、続けて、各テーマに即した天風の言葉を紹介します。

「相手が勝ったんだ。今度はオレが勝つよ」という一言も、「元気かい？」という挨拶も、天風哲学を深く知れば知るほど、あなたの人生のよき羅針盤となることでしょう。つまり、天風の言葉は、その背景にある天風哲学を知ることで、価値がより高まるのです。さらに理解を深めていただくには、天風哲学の基本や活用法を詳しく述べた前著『中村天風　怒らない　恐れない　悲しまない』（三笠書房《知的生きかた文庫》）を参照してください。

さて、「力・積極・信念・運命」の四つのうち、まず「力」について天風は、「人間にはもともと強い力が具《そな》わっている」と断言しました。この秘められた力を最大限に引き出す生き方が「積極」です。どんな逆境も、積極精神で切り拓いていけるという「信念」を持てば、ことごとく「運命」は好転し、自分に奇跡が起こります。

人は運命を超え、人生を創造していくことができるのです。そのためには、自らの感情に振り回されたり、不幸な運命に踊らされることなく、自分が自分の人生の主人公として生きることです。

順境のときはもちろん、逆境にあっても、数々の奇跡を起こしてきた天風の言葉があなたの人生を鼓舞してくれるに違いありません。ビジネスにおいてもプライベートにおいても、勝利者となられることを祈念します。

池田　光

◆目次

# 第1章　誰の中にも潜む「不思議な力」を使う法

## この〝力の法則〟を悟れば、すべてが癒《い》やされる　32

# 第2章 こうすれば、ここまで「積極人間」になれる！

## 第3章　「不足・不安・不可能」のない生き方はできる

# 第4章 「運命」はいくらでも好転する!

# 第1章

# 誰の中にも潜む「不思議な力」を使う法

## 「この日」を限りに人生が一変した!

藁《わら》にもすがりたい――。

ギリギリに追い詰められた状況では、誰もがわずかな命綱でも手放せるものではありません。こんなとき、天風は目を見据《す》えると、

「さあ、その手を放すのだ。後はオレに任せろ」

と、救いの手を差しのべました。――若き日の岩松三郎《いわまつさぶろう》(一八九三~一九七八)には、天風が語った寓話がそう告げているように聞こえたのです。

敗戦後の憲法改正に携わり、最高裁判所の初代判事として活躍した岩松三郎は、若い頃は悪疾《あくしつ》な高血圧と不眠症に悩んでいました。

発作に見舞われると、胸が波打ち、百メートルも歩くことができません。治療に努

めてみるものの、効果が見られず、病状は日を追って悪化するばかり……。

書かなければならない判決の記録は、天井に届きそうになっていました。これを見ると気力が萎《な》え、ますます書けなくなります。とうてい職務を全うすることなどできません。岩松は、東京控訴院判事の職を辞するべきかとまで思い詰めます。

相談を受けたのが、大審院長の池田寅二郎《いけだとらじろう》（一八七九～一九三九）でした。池田は中央大学総長を務めた人物で、天風門下生です。彼は岩松から話を聞くなり、

「いい人を紹介しよう」

と、中村天風のもとに引っ張っていきました。

天風と話した岩松はさっそく、天風の教えを一カ月ばかり受けることにします。が、内心では半信半疑でした。

しかも、生来の頭のよさが災いして、天風の話をたちどころに分かったつもりになってしまうのです。それだけに本気になることができません。いくら形の上だけで真似てみても、根本の心がふらふらしていては、その悪疾な病は癒《い》えません。

「結局、効果はなかったのだ」

岩松はそう判断を下すと、ぷつりと通わなくなってしまいました。

事の次第を知った大審院長の池田は、岩松を呼びつけ、

「紹介者に無断でやめるとはけしからん」

と一喝《いっかつ》すると、そのまま天風の前に岩松を突き出しました。

神妙にかしこまっている岩松に、天風は一つの寓話《ぐうわ》を語って聞かせました。岩松は終生、この寓話を忘れることがなかったといいます。

こんな話です。


どうしても悟りが開けないという雲水《うんすい》（修行僧）がいました。彼は思い余って師の和尚《おしょう》に教えを仰ぎます。

「私には皆目《かいもく》悟りが開けません。どうすればいいのでしょうか」

和尚はその雲水についてくるよう促すと、寺の裏山に登っていきました。

やがて切り立った断崖《だんがい》に出ました。断崖からは松の大木が横に張り出しています。

その下は、言うまでもなく千尋《せんじん》の谷です。

和尚は松を指差して、

「これへ登るのだ」

と命じました。みるみる雲水の顔色が蒼白になっていきます。

やがて勇気を奮うと、雲水はしがみつくようにして幹に登りました。すると和尚は、

「その細い枝のところまで行け」

と命じます。ようやく枝のあたりに達した雲水に向かって、

「手だけでぶら下がってごらん」

雲水は命じられるままに、両の腕で枝にぶら下がります。

「それ、片手だけでぶら下がってみよ」

一方の手を放したとき、小枝はしなるように揺れました。握っているほうの片手には渾身《こんしん》の力が込められ、まるで鋼鉄のようです。

「さあ、その手も放すのだ」

そう和尚が命じた瞬間、雲水は悟ったのかどうか……。

少なくとも岩松は、最後の言葉に心を射《い》られたのです。

「なぜおまえは、最後の片手を放せないでいるのか。

さあ、その手を放すのだ。後はオレに任せろ」

天風が太い命綱を差し出してくれていた、と気づいたのでした。

後年、岩松はこう語っています。

「私は片手を放すところまでの生活しかしていなかったのである。最後の片手を放せないで、松の小枝にぶらさがっている、あわれな自分をはっきり見たのであった」

（『哲人哲語』序文より）

この日を境に、岩松の生活は一変しました。天風の教えに邁進《まいしん》したのです。

たとえば夜、寝際には必ず、

「おまえは元気になれ！」

と、自分に命令暗示をかけました。翌朝、目覚めるとすぐ、

「私は元気になった」

と、断定的な暗示を施しました。

岩松はこうした暗示を、電車の中であろうと、ところかまわずやりました。気が変になったのではないか、と周囲に心配されるほどに天風の教えに打ち込んだのです。

すると、どうでしょう。

あれほどまでに彼を悩ませた病はスッパリと癒え、以後の長い裁判官の職務を見事に果たすことができました。後年、その功労により勲一等を授けられています。

## 勝ち運と負け運を分ける〝最後の片手〟

〝最後の片手〟とは、変化を恐れる心そのものです。

ところが厄介なことに、最後の片手は鋼鉄のようになって、固く枝（現状）を握り締めたままです。

それでも人は、変わることができるのでしょうか。

できます。

そのためには、最後の片手を放さなくてはいけません。

幸運を掴みたい。けれども、あなたの〝最後の片手〟は、**これまでの不運に慣れた生活を握り締めたまま**ではないでしょうか。

勝ち運に乗りたい。なのに、あなたの〝最後の片手〟は、**負け運を掴んだまま放していない**のではありませんか。

もし岩松が、いつまでも最後の片手を放せないで、宙ぶらりんの態勢でいたら、敗北者になっていたはずです。「その手を放すのだ」という言葉は、自己変革の指針となって、以後の岩松の人生を決定することになりました。天風の〝その一言〟が、人生の勝利者へと導いたのです。

その秘訣は、次の三つです。

● 負けぐせとはスッパリと縁を切り
● 天風の教える「運命好転のセオリー」に従い

## ●成功するまでやり抜く

では、岩松が自らの病を克服する過程で、ひたすら信じ、信奉した天風哲学とは、具体的にどういうものなのでしょうか。

## 「めげず、ひるまず、立ちどまらず」

人間は本来、強いものである――そう天風は喝破《かっぱ》しました。

われわれは普段、その力の数パーセントしか発揮していません。数パーセントの力で生き、活動しているにもかかわらず、これを全力だと誤認するから、弱いと思い込んでしまうのです。また、肉体の力がすべてなのではありません。

「肉体を本位とした人生を生きると、命の生きる力が衰えてくる」（『心に成功の炎を』）と天風は説きます。

ところで、人間とは弱いものであるという性弱説を唱える人がいます。この考え方では、人間の力を小さく見積もらせ、絶えず「自分は弱い――強く生きよう」という煩悶《はんもん》の多い人生を送らせます。弱い自分を叱咤《しった》し、強く生きようと拍車をかける生き方は、小さな積極（相対積極）に過ぎません。こんな生き方をしているかぎり、大宇宙の活力（気）はわずかしか注がれません。

そうではなく、「人は強いものである」と断定し、三つの姿勢で胸を張ることです。

## ●めげない

どんな苦難にもくじけず、あきらめないこと。――もし、めげると、気が弱くなり、大宇宙の活力は自分の身に注がれません。

## ●ひるまない

勇気を奮って、しっかり腰を据えること。――もし、ひるむと、気力が挫《くじ》け、力が萎《しぼ》んでしまいます。

## ●立ちどまらない

積極的なリズムを保つこと。――もし立ちどまると、気は滞《とどこお》り固まってしまい、心の力が働かなくなります。

このように、めげず、ひるまず、立ちどまらず、大きな積極（絶対積極）に生きるとき、**宇宙生命の建設的なエネルギーと同調して、身の内に活力が注ぎ込まれます。**これが命の力であり、活力が満ち溢《あふ》れ、安心立命（心を安らかにし、身を天に任せて動じないこと）の人生を送ることができます。

もはや、自分は弱いとか、だから強く生きよう、といった葛藤の次元（相対積極）は問題ではなくなります。

「人間の力は計り知れないほど大きなものだ」という積極的人生観を、自らの信念として持ち、強く生きていくことを、天風は熱く説きました。

**天風哲学**とは、このように骨太いものです。

さて、天風が性強説の悟りを得たのは、ヒマラヤ山脈のヨーガの秘境においてでした。あらためて、一代の快男児――中村天風とはいかなる人物なのでしょうか。

# まさに〝地獄〟で出会った「救いの神」

中村天風の生涯については、前著『中村天風　怒らない 恐れない 悲しまない』で詳しく述べたので、ここでは病にさいなまれた若き日の天風が、ヨーガの聖地に導かれ、生命の力を悟ったという経緯を振り返っておきましょう。

中村三郎、後の天風は、明治九年（一八七六）に東京で生まれました。

父・祐興《すけおき》（一八二九〜一九〇九）は、九州柳川藩主立花家の一門の出身でした。時代を先取りした人物で、一八六四年に横浜で発行された日本最初の新聞「海外新聞」を定期購読していました。新聞の何たるかも知られていなかった当時、この新聞を定期的に購読したのは、三条実美《さんじょうさねとみ》の祐筆《ゆうひつ》を務めた肥後藩士の荘村省三と、大蔵省の初代抄紙《しょうし》局長で紙幣用紙の改良に貢献した、天風の父・中村祐興の二人だけだったといいます。

そのような家庭に育った天風は、幼い頃から官舎の近くに住んでいたイギリス人から英語を学びます。小学高学年になると、手がつけられないほどの暴れん坊となり、手を焼いた両親は、右翼の巨頭である頭山満《とうやまみつる》（一八五五〜一九四四）が総帥を務める玄洋社（福岡）に天風を預けます。

やがて、福岡の名門である、修猷館《しゅうゆうかん》中学（現在の高校）に入学すると、柔道部のエースとして文武両道で力を発揮。その後勃発した日露戦争（明治三十七〜三十八年、一九〇四〜一九〇五）では、満州の地で軍事探偵として活躍しました。

ところが、戦争が終結した直後の明治三十九年（一九〇六）のある朝、天風は突然喀血《かっけつ》します。医師からは「奔馬性肺結核《ほんばせいはいけっかく》」と診断されました。これは現在の「急性粟《ぞく》粒肺結核《りゅうはいけっかく》」のことで、駆けていく馬のように症状が急速に悪化することから、この病名がつきました。まさに死に至る病です。天風が三十歳のことでした。

数年後、座して死を待つよりも、進んで救いの道を求めようと決意した天風は、医学会、思想界の偉人を訪ねる旅に出ます。

まず、病の身を押してアメリカに渡りました。生きる救いを求め、かねてより強い憧れを抱いていた、アメリカ成功哲学の父オリソン・スウェット・マーデン（41ページ）を訪ねるためです。しかし彼に会っても、心の問題に対する疑問は晴れませんでした。天風はコロンビア大学で医学を学んだ後、失意のままイギリスに渡ります。

イギリスには、世界的に著名なハンス・ドリーシュ（一八六七〜一九四一）がいました。まだ四十代半ばの気鋭の動物学者であり、哲学者です。天風は一縷《いちる》の望みを抱いてドリューシュに会い、まず身の上を語ると、真剣な面持ちで尋ねました。

「軍事探偵として活躍し、あれほど胆力《たんりょく》のあった自分が、肺結核を患うと心まで萎縮し、弱くなってしまいました。いったい心と体はどんな関係にあるのでしょうか。そして心を再び強くするには、どうすればいいのでしょうか」

ドリーシュは、「心というものは、人間の自由にできるものではない」と答えるにとどめました。

はるばる先進諸国にまで救いを求めてやってきた天風にもたらされた結論は、皮肉にも「心は自由にならない」というものだったのです。どんなに心が萎縮しても、弱くなっても、心をコントロールすることはかなわない、と。

その後、フランスに渡った天風の体は、急速に悪化していきます。同じ死ぬなら、せめて故国の日本で死のう。そう決意をした天風は、日本への帰途、まことに不思議な縁でヨーガの聖者カリアッパ師と出会うことになります。

## まず〝井の中の屁理屈《へりくつ》〟を捨ててからだ!

病で衰えながらも天風は、命を繋ぐためにエジプトのカイロのレストランで食事をとっていました。すると、向こうの席から、じっと見つめる人物がいます。

「おまえ、胸に大きな病を持っているね。しかし、おまえは助かる運命にある。助かりたければ、ついてくるがよい」

なんの面識もない人物からの誘いです。

しかし、天風はこのとき一筋の疑いもなく、

「サーテンリー（かしこまりました）」

と答えています。これが聖者カリアッパ師との出会いでした。

傍目《はため》からはあっさりとした会話に見えましたが、両者の間には、何かしら通ずるものがあったのでしょう。


天風は聖者に追従《ついじゅう》して、ヒマラヤ山脈の奥深いヨーガの寒村を目指します。ようやく村に着くと、よそ者の天風は、家畜にも劣る奴隷として招き入れられることになりました。

聖者はいつ教えを授けてくれるのか、——天風は待ちますが、一向にその気配はありません。たまりかねて聖者カリアッパ師の前にひれ伏しました。

「おまえは助かると言われました。その教えはいついただけるのでしょうか」

「こちらの準備はできている。だが、おまえにはできていない。おまえの準備ができてからだ」

「いえ、私にもできています」

と、天風は食い下がります。

すると、聖者は水の入った容器と、湯の入った容器を用意させると、

「さあ、水を張ったこの器の中に、湯を入れてみよ」

と天風に命じました。やらずとも、答えは明らかです。

「水の上から湯を注ぎますと、両方こぼれてしまいます」

そう天風が答えるや、次の瞬間、聖者は一喝しました。

「この器の水がおまえだ。おまえの頭の中には、これまでの屁理屈が入ったままではないか。屁理屈を捨てないかぎり、私の教えを受け取ることはできない」

これは冒頭の岩松三郎のように、〝最後の片手〟を放せないで、松の小枝にぶら下がっているのと同種のものです。

天風は西洋文明という枝に、片手でぶら下がっていたのです。この〝最後の片手〟を放さないかぎり、聖者カリアッパ師の教えを受け止めることはできません。天風が自らこのことに気づき、頭を白紙にして学ぶことを誓った瞬間でした。

この日を境に、天風の厳しい修行が始まりました。そしてカリアッパ師の指導を受け、やがて大いなる悟りが開けていくのです。

## 〝至高体験〟を持つと人はここまで変わる

悟りの心理状態は、覚醒されたような鮮やかさを伴います。

筆者の体験ですが、はじめて天風会修練会に参加した帰り路、日頃はくすんだように見えていた日常の風景が、信じられないほど鮮やかに輝いて見えました。大気中の粒子をも克明に描く印象派の絵画のように、すべてがキラキラと躍動して見え、目に眩《まぶ》しく飛び込んできたのです。この世のものは、一つとして無意味なものはないのだと思えました。

そんな心の昂《たかぶ》りは、いまだに忘れられない記憶です。欲求の五段階説で有名な、アメリカの心理学者、アブラハム・マズロー（一九〇八～一九七〇）は、こうした心の昂りを「**至高体験**（ピーク・エクスペリエンス）」と呼びました。

マズロー著『創造的人間』を参考にして、その特徴を紹介しましょう。

①宇宙全体が統一された全体として知覚される
②恐るべき精神集中がみられる
③人間の意図を「自然」に投影することをやめるようになる（自然を利用するのではなく、あるがままに受け止める）
④人生は大いなる価値があり、生きるに値するものだという判然とする
⑤宇宙には目的があるということがはっきりする
⑥普遍性と永遠性を経験する
⑦その人の真の自我へと進み、よりいっそう真の人間になる
⑧自分が責任感に満ち、活動的であり、より多くの「自由意志」を備えていると感じられる

至高体験は魂を揺さぶります。そして、体験者の性格と世界観を一変させることがあります。

天風は、極限ともいえる修行において新たな人生観を確立しました。それだけではありません。死病をも吹き飛ばしてしまったのです。

## この〝力の法則〟を悟れば、すべてが癒《い》やされる

では、このような至高体験の中で、天風はどのような悟りを得たのでしょうか。

インド東北部のカンチェンジュンガ山麓にある秘境の中で、天風は来る日も来る日も瞑想を行いました。日の出とともに起き、森の奥深くへと入って瞑想をします。

瞑想とは、テーマをもって静かに考えをめぐらすことです。聖者から与えられたテーマを念じて黙々と修行する天風の前に、豹《ひょう》が現れることがありましたが、ピクリとも動かない天風の側《そば》を豹はゆっくりと通り過ぎていきました。

悠久の時間の流れの中で、やがて天風は悟りに至ります。

筆者の師である天風会の第四代会長の杉山彦一《すぎやまひこいち》（一九二〇～二〇〇二）は、至高体験の心理状態と併せて、その悟りを生き生きと天風会の機関誌に書いています。


草木を生かし、花を美しく、ゆたかに彩るものは何か。

「植物の命だ」と天風先生は新鮮な感動の中で気づいた。（中略）

動物をして、生きる知恵を与え、その生の営みをさせているものは、一体何か。

「動物の生命だ」と天風先生は新たな驚きの中で気づいた。

森の中で天風先生の瞑想は続けられた。

先生の澄みきった心は、ついにひらめき的に把握した。

「植物も、動物も、人間も、本源の命によって、生かされているのだ」と。

本源の命は、巨大なる力と、はかり知れざる叡智をもつ。そして一切を創造し、一切を生かしているのだと実感した天風先生の眼に、今まで見慣れていた草木や動物が、ひときわ親しいものとして映じてきたのである。天風先生の個の生命の自覚は生きと

し生けるものの生命を感じとり、さらにその本源の生命の実感へと拡大されていったのである。（『志るべ』二二八号）

本当の自分とは「**生命**（**霊魂**）」です。そして、本源の生命と、天風の個の生命はつながっています。では、その生命とは何か。「勢い」です。もっと言えば、「**力**」です。大宇宙の生命は常に前進し、とどまるところを知りません。進化と向上に向かって、絶えず躍動しているのです。

人は自らの生き方を積極的にし、この大いなる生命と同調することができれば、身の内に生命力が注ぎ込まれ、力を受容することができます。

悟りを得た天風は、後に講演で次のように説いています。

「造物主の無限の力というものが、よろしいか、科学的に言うと眉間《みけん》から入ってくるんですよ。それが大脳の中に受け入れられてから、大脳髄の中にある松果体にとどまって、こんど神経系統のいちばん大事なみぞおちのソーラ・プレキサス（太陽神経叢）というのに受け入れられて、それから体じゅうの急所というところへ分配されるようにできているんだ」（『成功の実現』）

このように人間には、生命の中に与えられた〝力の法則〟があるのです。

「自分の命の中に与えられた、力の法則というものを、正しく理解して人生に生きる人は、限りない強さと、歓喜と、沈着と、平和とを、つくろうと思わなくても出来るようになっている」（『運命を拓く』）

思えばこれまで、人生・生命の困難を克服するために欧米を旅して回った天風は、肉体の力だけで病を治そうとしてきました。しかし、この限られた力だけで生きていこうとすると、性弱説に陥ってしまいます。

そうではありません。本来、人間とは強いものなのだ――という確信をもって、命の力を豊富に受け入れた天風は、修行を続ける中で肺結核を吹き飛ばしたのでした。

では、〝力の法則〟に関する天風の言葉を紹介していきましょう。

"奇跡を起こす"天風の言葉

1

……「負けない」のではない、「打ち克つ」のだ

私は　力だ。
力の結晶だ。
何ものにも打ち克《か》つ力の結晶だ。
だから何ものにも負けないのだ。

『天風誦句集（一）』

天風が修行したヨーガの秘境では、あちらこちらの石に、サンスクリット語で刻まれた言葉が残っていました。先人たちが悟りの歓喜を記したのです。

どういう意味なのか、聖者カリアッパ師が英語で解説してくれます。これらの言葉に触発されて、天風は「**力の誦句**《しょうく》」を作りました。珠玉《しゅぎょく》の言葉ともいえるこの誦句は愛唱され、多くの人々に力と勇気を与えています。右の言葉はこの誦句の一部です。

「活力に満ちているときは、何をやってもうまくいくものですね」

と、ある営業スタッフは筆者に話してくれました。彼が学んだのはもっぱら天風の著書からですが、「力の誦句」が気に入り、諳《そらん》じていました。苦しいときには、無意識のうちに、この誦句が口を突いて出るのだそうです。

あるとき、彼は気づきました。一字一句間違いなく誦句を唱えているときは、どんな逆境にあっても、その壁を乗り越えているのです。身の内に活力が湧き、自信がみなぎっています。彼が新製品の販売キャンペーンで一位に輝いたときも、そのような自信に溢れていたときでした。

ところが活力が低下しているときは、判で押したように、決まって誦句の同じ箇所を言い損じていたといいます。

「何ものにも打ち克つ力の結晶だ、と言うべきところを、何ものにも負けない力の結晶だ、と言い間違えてしまう。こんなときは、すでに心が負けているんですよ」

と自己分析していました。心が負ければ、生命力は萎縮してしまいます。その結果、気になっている「負ける——負けない」という意識が、ふと口を突いて出るという皮肉な結果になってしまったわけです。

「何よりも、心をプラスの状態で安定させること。信念を持って積極人生を歩むことが大切ですね」

そう気づいた今では、日頃からプラスの自己暗示を施し、次のような言動を心がけているといいます。

### ① 否定語を避ける

本来なら「打ち克つ」と言うべきところを「負けない」と言ったように、「～でない」というのは否定語です。「はじめに」で紹介した事例では、テニスで負けた天風は、「相手が勝ったんだ。今度はオレが勝つよ」と言って笑いました。決して「オレは負けた。今度は負けないよ」ではなかったのです。たとえば、

「予定が詰まっていて、すぐには対応できません」

と答えるのは否定語です。それよりも、

「二日余裕をいただければ対応できます」

と肯定語で答えるほうが、はるかに相手の印象はいいはずです。

## ②現在形を用いる

「私は信念を強くしよう」と未来形で言うよりも、「私は信念が強い」と断定するほうが積極的です。いつか信念が強くなろうとしても、いつまで経っても実現しません。そうではなくて今、強い信念を持っていると断言するのです。

同じように、「私は力の結晶になろう」ではなく、「私は力の結晶だ」と言い切りましょう。身の内にふつふつと生命力が湧いてくるのが感じられるはずです。

〝奇跡を起こす〟
天風の言葉

2

……自分には無尽のこの〝潜勢力〟がある！

人の生命の内奥深くに、潜勢力《せんせいりょく》（Reserved Power）という微妙にして優秀な特殊な力が何人《なんぴと》にも実在している。

『真人生の探究』

一九〇六年、三〇歳にして当時の死病とされた奔馬性肺結核《ほんばせいはいけっかく》にかかった青年天風は、病に臥していました。

あるとき、前述したオリソン・スウェット・マーデン（一八五〇～一九二四）が書いた『いかにすれば希望を達し得るか』という本を手に取ります。

マーデンは、アメリカのニューハンプシャー州の貧農の家に生まれました。里親を転々としていた十七歳のある日、農家の屋根裏部屋でサミュエル・スマイルズ（一八一二～一九〇四）の『自助論』（三笠書房《知的生きかた文庫》）を手にします。冒頭の一文「天は自ら助くる者を助く」で有名なこの本を読んでマーデンは感激し、燃えたぎるような希望が湧き上がります。そして、苦学の末にボストン大学を二十七歳で卒業。ハーバード大学の医学部に進み、三十二歳のときに医学博士号を授けられます。

ちなみに、明治後半から大正期には、わが国で多くのマーデンの翻訳書が出版されましたが、天風の青年期にはまだ前述の本は翻訳されていません。天風が手にしたマーデンのこの本には、**潜勢力**（生命の内奥深くに潜在している巨大な力）のことが説かれていました。さらに、次の言葉が病身の天風を勇気づけました。

● 人には、誰の中にも自己を強くし、健康や運命を幸福に導いてくれる巨人のごとき力がある

● 不幸にも多くの人々は、自分を強い面から評価しないで、弱い面から判断する

読むにつれ、天風は強い衝撃を受けます。――どうすれば、巨人のごとき力（潜勢力）を獲得できるのか。また、強い面から生きるにはどうしたらいいのか。

天風はなんとしてもマーデンを訪ね、その教えをじかに受けようと決意しました。結核患者に渡航の許可は下りないことから、密航をしてまでアメリカに渡ります。

天風よりも二十六歳年長であるマーデンは、当時、五十代後半でした。しかし後年、講演で「新進の青年哲学者だった」と語っているように、天風の目には若々しく映りました。救いを求めて懸命に対話をするうちに、やがてマーデンの教えには理論があっても、具体的な実践法がないと気づかされます。

肝心の潜勢力を獲得する方法や、強い面から生きる方法論がなかったのです。天風は失望を禁じえませんでした。

失意の天風に、明確な答えを与えたのが、先に述べたヨーガの聖者カリアッパ師でした。聖者に導かれていった秘境での熾烈《しれつ》な修行の中で、天風は〝命の力〟を自得し、第二章で紹介する〝潜勢力を発揮させる方法論〟を摑み取ります。そして、「人間というものは、そうやたらと病や不運に悩まされたり、虐《しいた》げられねばならぬものではなく、よくその一生を通じて、健康はもちろん、運命もまた順調で、天寿を終わるまで幸福に生き得られるように本来的にはつくられている」(『真人生の探究』)と喝破するに至ります。

われわれには本来、**病や不幸に打ち克つだけの潜勢力が内在しています**。誰にも平等に授けられたその力は、生命の内奥深くに実在しているのです。それは思いのほか巨大な力です。——この力を発揮させる方法論を手中にした天風は、潜勢力が内在している理由を、「われわれには進化・向上を現実化するという大きな使命がある。この使命を果たすために、潜勢力を与えられたのだ」と説明しています。逆に言えば、進化・向上に貢献するとき、この〝大いなる力〟はどんどんと湧き上がってくるのです。

……永遠の青春を手に入れる〝向上〟への絶えざる意欲

人間の生命の力を
向上的のものであると正しく気づかぬ人は、
その一生を平凡無為《へいぼんむい》で終わることとなる。

『真理のひびき』

人間には大いなる力（生命力）が具《そな》わっています。前述した天風会第四代会長の杉山彦一は、生命がもつ性質を次のように分析しています。

**①ひたすら生き抜く――生命の本質的働き**

「楠《くすのき》千年、ふたたび、きょうの若葉かな」

とは、生きて、生きて、ひたすら生き抜く生命への賛歌です。樹齢何百年という楠にも、毎年眩《まばゆ》いばかりの若葉が萌え出ます。

**②たくましい力と、絶妙な知恵を持つ――生命の保有するもの**

石を跳《は》ねのけて、地面から若芽が出る。アスファルトにすら花が咲く。滝を登る鯉《こい》や、上流へと一直線に向かう鮭《さけ》のように、生命はひたすら生き抜くたくましい力を持っています。これが、生命が保有する第一の特徴です。

次に、生命は絶妙な知恵を持っています。毒蛾に似せた模様で天敵から身を守る蝶。おいしい果実を実らせ、動物の餌になることで種を運ばせて棲息範囲を広げる植物。これはひたむきに生き抜こうとする生命の知恵です。

## ③進化・向上へと前進してやまない――生命の方向性

単細胞のアメーバから人類の登場まで、生命は連綿と連なっています。その四十億年の過程は、絶えず進化・向上へと向かってきた歴史です。

個の人間に置き換えてみればどうでしょう。八十歳や九十歳になっても向上心を持ち、絶えず前進しようとする人は若いのです。

「青春とは人生のある期間ではなく、心の持ち方を言う」とはサミュエル・ウルマンの詩『青春』の冒頭です。この詩は多くのビジネスパーソンの心を捉えました。その一人であり、経営の神様として知られる松下幸之助《まつしたこうのすけ》（一八九四〜一九八九）は、自ら次の言葉を書き、座右の銘としました。そして、九十四歳の天寿を全うしました。

青春とは心の若さである
信念と希望にあふれ　勇気にみちて日に新たな
活動をつづけるかぎり
青春は永遠にその人のものである　（『松下幸之助　成功の金言365』）

天風は、「自己向上の意欲の薄くなった人は、どうしても老衰を早める」(『運命を拓く』)と言います。老衰を早めるのは進化・向上に反しているからにほかなりません。倦《う》むことのない向上心を持てば、青春は永遠にその人のものです。

**④ 絶えず創造活動を行う——生命の活動**

生命は、その力と知恵を法則的に使いながら、創造活動を行っています。巧みにかたどられた花弁は、昆虫の気をひき、繁殖を行おうと、植物の命が創った見事な作品です。また、棲息範囲を広げるために、植物はおいしい果実を創造しました。この〝絶えざる創造〟こそが、あらゆる生命に共通する活動です。

**⑤ 積極であり、調和を図る——生命の状態**

アメリカのある自然動物園では、鹿のエリアに狼を放っているそうです。狼からの危険にさらされることで、鹿は天敵から身を守る頑強な生命力を培うのです。これは生態系のバランスを保ち、進化・向上へと前進させる自然の掟《おきて》の導入といえます。

以上が生命の性質です。

〝奇跡を起こす〟天風の言葉 4

……願い通りの人生を送るための四つの条件

根本エネルギーである大きな力の受け入れ量を
できるだけ多くすることが
生命を強く、長く、広く、深く生かす、
一番の大根《おおね》大本《おおもと》になる。

『心に成功の炎を』

生命力を十分に受け入れて、バランスよく力を発揮するとき、理想の人生を送ることができます。理想の人生とは、次の四つの条件が満たされた状態を言います。

**①強い——弱く生きない**

生命とは、生きて、生きて、ひたすら生きてやまないものです。積極的に生きるとき、病をも跳ね飛ばす頑健で強い人生が実現します。

**②長い——短く生きない**

積極的に生きる人は長生きできます。作家の宇野千代（一八九七〜一九九六）は、かつて天風から人生百二十五年説を聞いたとエッセイに書いています。

「天風先生がおっしゃるには、人間、オギャーと生まれてから、心身がすっかり伸びきるまで、二十五年かかる、そしてその五倍、すなわち百二十五年が人間の寿命である、ということなのです」（新潮45編『死ぬための生き方』）

さらにこのエッセイで宇野千代は、

「人生百二十五年という説は、医学の方面から見ても、充分に納得の行く理論なのだ

ということも聞いております。とするなら、私はもう後三十五年、生きていなければならないことになるのです」（前書）

と、九十歳の時に書き記しています。人それぞれに天から授けられた寿命がありま す。これを天寿といいます。積極的な心構えは、天寿を全うさせます。

## ③広い――狭く生きない

広く生きるとは、寛容の精神に貫かれた人生です。それはまた、清濁併《せいだくあわ》せ呑《の》むの気概で生きることでもあります。

「清濁を併せ呑まないで、この混沌たる人生に生きると、自分の生きる人生世界が極めて狭いものになる」（『叡智のひびき』）

と天風は言います。心が狭いと、人生は窮屈なものになります。

## ④深い――浅く生きない

青年時代の天風は、剣には優れていましたが、それ以上のものではありませんでした。しかしヨーガの里（ヒマラヤ）から帰国して以来、味わいのある絵や字を書くようになりました。何事も深層に達すると、表現するものすべてが見事になるのです。

蒔絵《まきえ》の大家で人間国宝として知られる松田権六《まつだごんろく》（一八九六～一九八六）が、天風の揮毫《きごう》になる円相（禅で、悟りの象徴として描く円輪）を見たときのことです。

「禅宗の坊さんは、みな円を書いています。天風先生のものを拝見する前に、一通りは見ておりますが、先生の円相は禅宗の坊さんとはやはり違います。きれいな円で、筆にかえりがないからです。クンバハカ（後述）で円を書くからはじめてできるのです。やはり修行の賜《たまもの》です」

と語り、この円相に魅せられて天風門下に入りました。人生の妙味を知って、味わい深く生きることが「深い」ということです。


以上の四つの条件のどれが欠けても、まだまだ生命の受け入れ方や活用法に足りないところがあるということになります。

「根を据えて　柳の糸は　風次第」といいます。まず、しっかりと根を据えること。こうして根本ができれば四つの条件が満たされ、後はいたずらに力を入れることなく、伸び伸びと生きることができます。

# 5

## …〝悔いなき人生〟を建設する六つの力

頼もしい自己建設とは、（中略）
「命」を活かす力＝「体力、胆力《たんりょく》、判断力、断行力、精力、能力」
なるものを、量的にまた質的に、
自己の生命の内容に充実させることなのである。

『哲人哲語』

生命力を最も多く受け、多彩に活用しているのが、われわれ人間です。天風は生命力を六つに分けました。これら六つの力は、人生を頼もしく建設し、よりよく生きる原動力となります。

## ①体力

体力がなければ、いい仕事もできず、いい人生も送れません。天風は七、八時間ぐっすり眠りました。起床後はすぐに庭に出て、天風式の体操をします。食事は二食。朝、風呂に入ります。日常生活はこのようにリズムがあり、習慣化していました。そして、晩年まで講演活動に奔走しました。そんな激務の中でも、ほとんど風邪をひくことがないほどの健康体でした。

どんなに頑健な人でも、無理を重ねれば大病になります。しかし天風が抜群の体力を発揮したのは、生命の法則を熟知し、これに反しなかったからです。

## ②胆力

物事に動じないことです。わずかな刺激に反応して、びくびくするのは、精神が過敏になっているからです。

神経が過敏になると、一の刺激を十にも百にも増幅して受け止めてしまいます。天風はヨーガの修行の中で、外界からの刺激に心を乱されない体勢を創案しました。これが「**クンバハカ**」（91ページ）です。この体勢を習慣化すれば、何ものにも動じない胆力ができ上がります。

## ③判断力、④断行力

考えをまとめて、正しい結論へと定めていく力が「判断力」です。このとき、優れた見識が求められます。判断を下した後は、断固として実行していく力が必要です。これを「断行力」といいます。

判断力と断行力の二つの力が合わさることによって、仕事を見事にさばけ、困難な問題を解決することができるのです。

## ⑤精力

物事を最後まで成し遂げさせる原動力は、精神面、肉体面での精力です。精神面でこの力が衰えると、克己心と忍耐力がなくなってしまいます。

## ⑥能力

人間には、そもそも何事も人並みにできる能力が具わっています。

天風門下に、日本舞踊で悩んでいる女性がいました。もう一歩の壁を破れないでいたのです。あるとき溜《た》め息交じりに、

「踊りって、本当に難しいものでございますね」

とつぶやきました。これを聞きとめた天風は、

「普通に手足があるんだろ」

と言下《げんか》に諭《さと》しました。

条件は同じではないか。ハンディがないかぎり、人並みにできる能力が具わっている。自分を安く見積もるな、という天風のメッセージに、彼女はハッとしました。中年から踊りを始めたにもかかわらず、やがてその流派の筆頭となり、地唄舞《じうたまい》の舞踊家として活躍しました。

能力とは、自分で見切りをつけないかぎり、どこまでも伸びていくものなのです。

6

……心に胆力がみなぎったとき〝奇跡〟が起こる

わずか肉体のもってる力だけで
生きていこうとするから、
何をしても丈夫にならない。

『心に成功の炎を』

前述の「六つの力」で見た通り、肉体の持つ力がすべてではありません。ところが、こと病《やまい》になるとわれわれは肉体の力に頼り、この力だけで治そうとします。

もし天風が肉体の力だけに頼っていたら、手ごわい奔馬性《ほんばせい》肺結核は治癒しなかったでしょう。心が積極的になったとき、生命に活力が注ぎ込まれ、医者が匙《さじ》を投げた病をも治癒させてしまったのです。

肉体と同様、心にも力があります。気が動転したときに発揮する〝火事場のバカ力〟は、心の力です。

逆にスポーツなどで、ここ一番というときに気持ちが上ずってしまい、ふだんの実力の何分の一も出せないときがあります。これは心が萎縮したのです。

このように肉体の力を二〇〇パーセント以上にも発揮させたり、わずか一〇パーセントに萎縮させるのは、心です。

ある人が剣の達人である宮本武蔵《みやもとむさし》（一五八四〜一六四五）に、「武道とは何か」と尋ねました。武蔵は、

「そこの敷居を歩いてみよ。そこを歩けることが武道である」

と答えたといいます。

敷居とは、襖《ふすま》や障子などをはめる溝《みぞ》のついた横木です。その横木を歩くことなど普通の人間には朝飯前です。では、なぜこの上を歩けることが武道なのでしょうか。

実業家で著述家の茅野《かやの》健《たけし》（一九一〇～一九九七）は、こう解説します。

「部屋と部屋の境にある敷居の両側の畳がストンとなくなり、それが深い谷にかかった丸木橋だったとしましょう。そうなると、敷居の上を楽々と歩いた同じ人間が、果たして丸木橋もやすやすと渡ることができるでしょうか」。こう問いを投げて、「畳の敷居を歩いている心をいつも持ち続け、どんなときでも少しも心がすくまず、敷居のときと同じ心で歩ける。つまり平常と変わらぬ心を持ち続けられるならば、その人は武道の達人なのだ」（茅野健『平常心』）

と、武蔵の答えを解釈しています。

真剣ではなく、竹刀《しない》などで模擬試合をするのは、右の事例の敷居を歩くことに相当します。このときいくら抜群の腕前を発揮したとしても、真剣勝負に臨んだときに、同じ腕前を発揮できるかどうかが問題なのです。

技術だけが際立っていても、武道の達人とはいえません。真剣勝負で上ずることなく、すくむことなく、通常の能力を発揮する精神力が具わってこそ、武道の達人だといえます。

このように**心の力は、肉体の力を左右します**。心がダメだ、と思った瞬間に、肉体の力はスルリと抜けます。反対に不屈の精神で、何がなんでもやるぞ、と思ったとき、限界だと思えた肉体に不思議な力が湧くものです。

天風は、

「命の力が精神方面に表現すれば、心の力となり、肉体方面に表現すれば、体の力となる」(『真人生の探究』)

と言いました。**肉体の力も、心の力も、命の力を源泉としています**。大宇宙の生命とのパイプを太くし、活力をわが命の力に導いて生きることです。

こうして得られた命の力を、胆力の具わった心の力で一〇〇パーセント発揮させたいものです。

7

…命の危機になんとも図太いこの〝心の力〟

どんな場合にも、慌てない人となるには、平素の言動を出来るだけ落ちついて行うよう心がけるべきである。

『真理のひびき』

「六つの力」のうちでも、天風の胆力は図抜《ずぬ》けており、若い頃から並外れたものがありました。それを物語るエピソードがあります。

日露戦争の頃、天風は軍事探偵として活躍しました。当時、中国各地に放たれた軍事探偵は、百十三人。このうち大連《だいれん》にたどり着いたのは、わずか九人しかいませんでした。生還率はたったの八パーセント。多くの若い命が、大陸の露と消えたのです。

そんな軍事探偵の頃の話です。満州の地で任務に当たっていた天風は、狼の群れに襲われます。部下とともに、素早く傍らの木によじ登って難を避けました。

ところが狼の群れは木を離れようとしません。低い唸り声をあげて見上げています。天風らは枝の上で、携帯食糧と鰹節をかじって過ごしました。

三日目を送ろうとしていたときです。心に変調をきたした部下は、ダッと衝動的に飛び降り、狼の餌食になってしまいます。

「こちらには十分に食糧があるさ」

と、天風は枝に寄りかかって平然としています。その夜、ようやく狼は離れました。

これを見届けて、天風は慌てることなく木から降りました。慌てるとは、「心がその刹那に放心状態に陥って、行動と精神とが全然一致しない状態をいう」(『真理のひびき』)と天風は解説しています。

次に紹介するのも、同じ頃のエピソードです。参謀本部から天風のもとに、一人の男が派遣されました。剣道の評判が高く、直新陰流《じきしんかげりゅう》六段という腕前の男です。しかも名を近藤信隆というところから、〝明治の近藤勇〟との異名をとっていました。近藤は、暇さえあれば天風の部下たちに稽古をつけますが、誰もかなう者はいません。

一カ月ばかり経った頃、天風の一行は、満州の馬賊《ばぞく》の一隊と遭遇します。相手は青龍刀《せいりゅうとう》をビュンビュン振り回して近づいてきます。近藤は咄嗟《とっさ》に仕込み杖を抜いて正眼《せいがん》に構えます。しかし、いつもと構えが違い、剣を突き出し、腰が引けています。

――いけない!

状況を察した天風は、部下とともに斬り込んでいきました。馬賊を蹴散らした後も、近藤は構えたまま動けません。体がこわばり、心が慌てているのです。

「どんな場合にも、慌てない人となるには、平素の言動を出来るだけ落ちついて行うよう心がけるべきである」(同書)

と天風は言います。はじめての真剣勝負で、近藤は気持ちが上ずったのです。腕がよくても、心の力が伴わないと、このようにとんだ失態を演じます。

平素の心を保持し対処する――この境地が絶対積極です。第二章で詳しく紹介する恩師の頭山満《とうやまみつる》の胆力には、さすがの天風も舌を巻きます。

あるとき、中国革命の指導者である孫文《そんぶん》（一八六六～一九二五）と密談中の頭山に、刺客が送られました。飴屋に変装した男が、至近距離から拳銃を突きつけたのです。

頭山は悠然と煙草を手にすると、横から孫文が火をつけます。一服深く吸い込んだところで、頭山は銃口に向かって煙を吹きかけました。銃を持つ刺客の手が小刻みに震えました。このわずかな隙《すき》を衝《つ》いて、天風が拳銃を叩き落とします。

「先生、さぞ驚かれたことでしょう」

と声をかける天風に、

「驚いたって間に合わんよ」

と平然としていました。命の危機にも泰然自若《たいぜんじじゃく》としているところに、頭山の器量がうかがえます。それにしても、なんと太い〝心の力〟でしょうか。

〝奇跡を起こす〟天風の言葉

8

…剣の極意こそ生き方の〝王道〟

力を入れることに重点を置かずに、
力を働かすことに重点を置く。

『哲人哲語』

天風が好んだ歴史上の人物に、大徳寺《だいとくじ》の住職で、臨済宗《りんざいしゅう》の僧である沢庵禅師《たくあんぜんし》（一五七三〜一六四五）がいます。江戸時代前期に活躍した沢庵が柳生但馬守宗矩《やぎゅうたじまのかみむねのり》（一五七一〜一六四六）に与えた『不動智神妙録《ふどうちしんみょうろく》』は、剣と禅を結びつけた名著です。その冒頭で、心がとらわれないあり方を解説しています。

敵が斬りかかってきたとしましょう。斬りつけてきた刀に合わせようと思えば、相手の刀に心がとらわれます。すると、こちらの働きが疎かになり、バッサリと斬られてしまいます。だから、相手の刀に心をとどめてはならないといいます。

打ち込んできた刀を見ても、どう攻めるか、どう防ぐかという思案や判断はしないのです。いっさいとらわれることなく、そのまま機を衝《つ》いて相手の刀に応じていけば、まさに自分を斬ろうとする刀をもぎ取って、逆に相手を斬りつけることができるというのです。

天風はこのあたりの妙を、

「剣の極意は『変機に処する以外には、いたずらに力を入れぬこと』である」（『哲人哲語』）

と述べています。

相手が斬りつけてきた刀に心がとらわれると、その瞬間に力みが入り、臨機応変に処することができません。これは心の力の無駄遣いをしているのです。随変流《ずいへんりゅう》を極め、剣を使わせると右に出る者はなかったという天風は、

「日々の暮らしにも、ただ力の入れ通しでは、いたずらに命の消耗を過大ならしめるだけである」(同書)

と、剣の極意が生き方においても通じるものであることを教えます。また続けて、

「よりもっと気楽な、堅苦しくない、言い換えれば、円転滑脱、伸び伸びした気分で、力をスムースに働かすといった行き方でないと、多端な人生に生きていく『力』が、長く保てない」(同書)

と言います。

心の力の無駄遣いに、心配、気苦労、煩悶《はんもん》があります。毎日をイライラとして過ごしたり、背中を丸めてしょぼんとしているのは、心の使い方を誤っているからです。

マラソンでは、力の入れ加減を誤ると、エネルギーの消耗が激しく、途中で力尽き

てしまいます。完走するには、効率的に力を働かせることです。

野球でも、つねに全力投球をしていると、九イニングを投げ抜くことはできません。仕事をするにも、日々の生活を送るにも、いつも全力投球でやっていると、逆に質が低下するものです。

力の使い方をまとめておきましょう。

- 心の積極化をはかって、生命力を充実させること——心の力を高める
- いたずらに力を入れて生命力を無駄遣いしないこと——心の力を働かせる

まず、生命力を高めるには、積極的な精神を保ち続けることです。こうして旺盛になった心の力を、効果的かつ効率的に働かせます。

そのポイントは、心を散らすことなく、物事にとらわれることなく、心を集中させること。そして、心を統一して使うことです。

集中や統一が途切れたときに、心の力を無駄遣いすることになるのです。

…人生が行き詰まるのは心がグラグラしているから

およそ人生の一切の事件は、
ほとんどそのすべてが自己の心の力で解決される。

『心に成功の炎を』

ある経営者は、

「事に当たって、行き詰まるということはない。行き詰まるということは、行き詰まるようなものの考え方をしているからである」

と言い、あわせて、

「成功を邪魔するものは、結局自分自身である。世間は誰一人として邪魔しない」

と述べています。

壁は、自分の心にあるということです。**行き詰まるような考え方をしている心や、失敗したときにグラグラ揺れてしまう心が問題**なのです。

自分の心に発生する壁を乗り越えて、この経営者は大成功を収めました。彼の名は、経営の神様といわれた松下幸之助です。

天風も同様に、

「失望や落胆をしている気持ちの方を顧みようとはしないで、失望・落胆をさせられた出来事や事情を解決しようとする方を先にするから、いつでも物になりはしない」

(『心に成功の炎を』)

と言います。失望や落胆といったマイナスの心でいくら問題解決を図ろうとしても、できることはたかが知れています。不振が続いている野球のバッターが、

「今日も打てそうにないな」

と思ってボックスに立てば、ヒットは打てません。ヤクルトスワローズを立て直し、西武ライオンズを日本一へと導いた元プロ野球監督の広岡達朗《ひろおかたつろう》は、バッターがボックスに立ったとき、明暗を分けるのは、積極的になれるかどうかだと語っています。

「オレは打てるんだ」

と自信を持ったときに、不振を打破できるのです。天風が教えるのも、そんな問題解決法です。その秘訣は、次のようなものです。

● 外に起こった出来事の解決を急がず
● まず先に心を積極的にせよ

心を積極的にすることを忘れて解決を焦《あせ》れば、やることなすことすべてが空振《からぶ》りに

終わってしまいます。

昔、横浜の棒手振《ぼてふり》（天秤棒をかついで物を売り歩くこと）から始めて、紡績業で巨万の富を築き上げた日比谷平左衛門《ひびやへいざえもん》（一八四八〜一九二一）という人物がいました。天風が彼を知るようになって二年目のことです。日比谷がインドから仕入れようとした綿花を積んだ船が、上海で停泊中に火事となり、綿花が丸焼けになってしまいました。火災による損失額は、当時のお金で二億円（今日の二千億円相当）にも上ったといいます。

「とんだことが起きましたなあ」

と天風が声をかけたところ、すでに六十代半ばになっていた日比谷は、

「二億の元手は神が与えてくれたものです。今度はその数倍が舞い戻ってくると思うと、今から楽しみなことだ。また儲けさせてもらう大きな動機ができました」

と答えたというので、自分が教えた人間にこんな偉い奴がいたのかと、天風も驚いたそうです。実際、三年後には損害を取り戻して、なお五億円もの財を築いたのです。

彼の商才もさることながら、積極的な心の成《な》せる業《わざ》です。人生にマイナスの出来事が起きても、心がプラスなら問題は半分解決したのと同じことなのです。

〝奇跡を起こす〟
天風の言葉
10

…落ち込んだときこそ、この〝天窓〟を大きく開け

暗かったら窓を開けろ。
光がさしてくる。

『盛大な人生』

誰でも一度や二度は、目の前が真っ暗になるような挫折を味わったことがあるでしょう。こんなとき、天風は、

「暗かったら窓を開けろ」

と言います。

では、窓はどこにあるのでしょうか。いくら外を探しても無駄です。**窓はあなたの心にある**のですから。天風式問題解決法の秘訣は、①外に起こった出来事の解決を急がず、②まず先に心を積極的にせよ、ということでした。心を積極的にすることが、問題解決を図る上での先決課題だったのです。

どんなに仕事で失敗しようが、事業で破綻しようが、恋愛に破れようが、太陽がそれによって明るくなったり暗くなったりするわけではありません。

暗く感じたのは、あなたの心です。そのことによって、悲観したり、絶望したり、嘆いたりして、心がマイナスになるから暗くなるのです。

窓を開けるとは、**心をパッと積極的にすること**にほかなりません。こうして心をプラスにすることによって、

「光がさしてくる」

と天風は言います。「光」とは、大宇宙の生命力です。この力が注ぎ込まれると、命の力が強くなります。

仕事で失敗し、事業が破綻したとき、当事者の表情や心は曇り、マイナスになりがちです。そんなときは、親しかった仲間までクモの子を散らすように去ってしまうでしょう。

しかし、プラス精神で這い上がろうとすると、人々は再びあなたの周りに集まってきます。人生で悪いことが三、四度も立て続けに起これば、後はいいことが来るようにできているものです。

「暗かったら窓を開けろ。光がさしてくる」

という天風のこの言葉は、「心がマイナスになったら、いっそうの積極精神を心がけよ。すると大宇宙の生命力が注ぎ込まれ、生きる力が湧き上がる」ということです。この意味を浮かべながら冒頭の言葉を唱えてみると、勇気が湧き、心に一筋の光が、射し込んでくることでしょう。

# 第2章

# こうすれば、ここまで「積極人間」になれる!

## 「シュブルールの振り子」の驚くべき自己暗示効果

人には〝暗示を受け入れる〟という能力が具《そな》わっています。この能力に着目した天風は、心を積極的にする方法を編み出しました。本章ではこの方法を紹介します。

その前に、一つの実験をしてみましょう。

三十センチほどの糸を用意して、その先に重りをつけます。重りは五円玉でも指輪でもかまいません。

用意が整ったら椅子に座ります。テーブルの上に両肘《ひじ》をついて腕が震えないようにし、利き手の指で糸の片端を軽く持ちます。そして、テーブルに重りが触れないよう長さを調節してください。

宙に垂らした重りをじっと見つめて、その重りが前後に揺れ始めるところを想像します。同時に、次のような自己暗示をかけます。

「重りは揺れる……。前へ揺れる、後ろに揺れる……。前、後ろ。前、後ろ……」

するど、重りはかすかに揺れ出し、やがて暗示した通り、前後へと振れていきます。

次に「左右に揺れる」と念じれば、左右に揺れだします。「時計回りに円を描いて回れ」と念じれば、その通りにクルクルと回り出します。止まったところを想像すれば、揺れは小さくなっていき、ピタリと止まります。

この「シュブルールの振り子」と呼ばれる実験は、神経―筋肉反応を試すもので、十人中九人までが成功するようです。たとえ本人は無自覚でも、神経が筋肉に指令を出すことによって、振り子が思い描いた通りに動くからです。暗示にかかりやすい人なら、揺れはより激しいものになります。誰よりも当人が驚くほどです。

●思ったことや暗示をかけたことは現実になる
●心は体を支配する

といった天風の教えが、この実験の後では、より納得しやすいでしょう。

人には、刺激（暗示）を受け入れる「感受性」と、刺激（暗示）を受けたときに生じる「反応性」があります。これらが同時に働いて意識内容になります。

● 感受性――外界からの刺激（暗示）の受け取り方
● 反応性――受け取った刺激（暗示）によって生じる、心の反応の仕方

これらの性能が積極的で強ければ、人生を溌剌颯爽《はつらつさつそう》と生き抜くことができます。では、どうすれば強くできるのでしょうか。天風は三つの方法を考案しました。

①「プラスの自己暗示」で潜在意識を積極化する方法（＝観念要素の更改法）
②実在意識に働きかけて「プラスの思考回路」をつくる方法（＝積極精神養成法）
③外界の刺激から身を守り、心が安定した体勢になる方法（＝クンバハカ法）

順に見ていきましょう。

## 「ダメだ」が口ぐせの男がみるみる一皮むけた

名人位を長年保ち続けた将棋の大山康晴《おおやまやすはる》（一九二三〜一九九二）は、小学校を出たばかりで、大阪の木見金治郎《きみきんじろう》（一八七八〜一九五一）九段の門下に入りました。

木見九段は弟子たちに、

「棒ほど望めば、針ほど叶う」

と教えました。それほど願望を実現することは難しいということです。しかし、潜在意識に刻むほどに望んで、潜在意識を味方につけることができれば、願いは叶うということでもあります。

少年の頃の大山は、この言葉に大いに勇気づけられたそうです。では、どうすれば潜在意識を味方につけることができるのでしょうか。

天風が教える方法は、**「観念要素の更改法」**です。詳しく見てみましょう。

頭では「積極的な言動が大切だ」と分かっていても、潜在意識に消極的な観念が詰まっていると、マイナスの言葉や行動が飛び出すことがあります。

あるビジネスパーソンは、「ダメだ」「できない」が口ぐせになっていました。ふだんから自分のマイナス思考を抑えようと意識するのですが、なかなかできません。

ある年の正月に、「今年こそプラス思考でいこう」と誓いました。

ところが時間が切迫したり、対人関係がこじれると、マイナス言葉が口を突くのです。いったん崩れると自制が利きません。何もかも投げ出したい気分に襲われます。

そんなとき、知人の紹介で、天風の自己暗示法を実践することにしました。


毎晩、布団の上で、「おまえはプラス人間になる」と暗示します。目が覚めると、「私はプラス人間になった」と断定し続けました。

数カ月後のこと。ある日、仕事で緊急事態が発生しました。当事者の彼は、ストレスを感じながらも処理に当たります。

「そろそろマイナス言葉が出る頃だな」と思ったとき、いつもとは違う自分に気づきました。これまでならパニック状態になっているはずですが、今回は自分を客観視する余裕があるのです。これをきっかけに、マイナス言葉は出なくなりました。潜在意識を味方につけたのです。

弱音を吐くことなく、緊急事態を処理してのけた彼は、

「一回り人間が大きくなった」

とまわりから評価されました。

彼がやった方法は、プラスの自己暗示によって潜在意識を積極的にする、「**観念要素の更改法**」でした。これには三つの暗示法があります。

①連想暗示法

床に就いてから入眠するまでの間が、最も暗示効果が高くなります。このときに**明るく朗らかなことだけを連想する**のです。今日一日で一番楽しかったことや、過去の愉快な思い出を浮かべます。将来こうなりたいという願いがあるなら、映像のように描くのもいいでしょう。受験生なら、志望校でのキャンパスライフをありありと思い

浮かべます。

たとえ悲しいこと、嫌なこと、つらいこと、腹の立つこと、心配なことなどが心に浮かんでも、楽しいことを考えるとマイナスは打ち消されます。

**寝るときには、いっさいマイナスを持ち込まない**のです。睡眠は、神人冥合《めいごう》のとき（人間の生命に大宇宙の活力が注がれるとき）です。このときに、

「神経過敏でクヨクヨジメジメ思っている人は、結局、宇宙エネルギーの受け入れ態勢を自分からくずしていることになる」（『成功の実現』）

と天風は言います。

この連想暗示法をやると、気持ちのいい朝が迎えられます。実行し続けていると、潜在意識がプラスに入れ替わります。それは、ポタリポタリと落ちる水滴によって、コップの中の真っ黒な水が、やがて透明に入れ替わるのと同じ理屈です。

こうして心のベースを積極的なものにした上に、次の「命令暗示法」を行うと、人生は思い描いた通りに好転していくのです。

### ②命令暗示法

夜、床に就くときが、命令暗示法を行う最適なタイミングです。鏡に自分の顔を映して、眉間に集中し、こうありたいと願うことを命令します。たとえば、「おまえは信念が強くなる！」と二人称で声に出して呼びかけます。このとき、「信念が強くなりますように」と祈るのではありません。**真剣に、ただ一回、深く命令する**ことがコツです。願望が実現するまで繰り返して、潜在意識に刻み込んでいきます。

### ③断定暗示法

命令暗示法と併用することで、大きな効果を発揮します。前夜の寝がけの暗示（命令暗示法）では、「おまえは信念が強くなる！」と命令しました。翌朝目覚めたら、まだ外界と接しないうちに、「私は信念が強くなった！」と断定するのです。一人称の過去形で宣言します。**完全に願いが実現した、という気持ちで行う**ことがコツです。

朝でも昼でも、何度でも「断定暗示法」を行ってかまいません。やればやるほど、潜在意識に刻印された暗示は実在意識に引き戻され、実現を加速させます。

天風が九州で講演したその翌朝のことです。

「じつは昨晩、先生の寝がけをのぞき見したんです」

と門下生が謝ります。続けて、

「鏡を見られて、あんな真剣な態度で暗示されているとは思いませんでした。先生ぐらいになられても、まだやられるのですか」

間髪《かんはつ》を容《い》れず、「ああ、一生やるよ」と天風は答えました。これでよいという段階はないのです。継続を怠ったときにスキが生じます。

## その安易な見切りが〝運命の扉〟を閉ざしてしまう

二番目の方法は、「**積極精神養成法**」です。

中国は周の時代に、杞《き》という国がありました。この国の一人の男が、

「もし天地が崩れたら、身の置き所がなくなってしまう」

と憂い、心配するあまりに夜も眠れず、食事が喉を通らなくなります。それを見かねて、ある男がさっそく訪ねていきました。

「何も心配することはない」

あれこれ説明して男を納得させました。この話を聞いた列子《れつし》（戦国時代の道家《どうか》）は笑いながら、

「天地が崩れると決めつけるのも間違いだし、崩れないと楽観するのも間違いだ。そんなことは誰にも分からんことだ。しかし、どちらの考え方もできるのだ」

と評します。その上で、

「天地が崩れるとか、崩れないとか、そんなことは、気にする必要などないことだ」

と切り捨てます。無用の心配をすることを「杞憂《きゆう》」と言いますが、この故事が語源になっています。

さて、最初の心配ばかりしていた男は、物事を悪いほうへ悪いほうへと考えていくタイプです。マイナス思考の典型でしょう。

二番目の男は、単純な楽観主義者です。この男の説得で最初の男は救われました。

その点では、マイナス思考よりは、はるかに生きるのが楽でしょう。しかし本当に天地が崩れてきたら、この男は慌てふためくことでしょう。

三番目の列子は、無用の心配などせずに、平然と生きることを勧めています。大事なことは、**とらわれない**ということです。

天地が崩れるか崩れないかは分かりません。単純な楽観主義者は、現実を見ていないだけです。そんなことはありえないと軽視しても、想定外は起こりえます。現実や道理を見通した上で、しかもとらわれないで生きるには、心の鍛錬が必要です。

これからご紹介する積極精神養成法は、われわれの実在意識に働きかけて、プラスの思考回路づくりを行う方法です。その目指すところは、列子が説くような泰然とした生き方にあります。

「積極精神で行くんだ！」と断言し、心を鼓舞するのです。積極的な生き方ができるようになると、運命が拓けていきます。間違っても、自分にはできないという、安易な見切りをつけてはなりません。

## 「安心立命」の生き方を実現する思考法

積極精神養成法には、次の五つの実践項目があります。

### ①内省検討

今の自分の思いや考えが積極的か消極的かを客観的に判断して、積極的な自分づくりを行います。

このとき、主観的な判断をしません。天風は、

「内省検討という事は、すべからく我執《がしゅう》を離れて行うべし、そうしないと往々独善に陥る」（『叡智のひびき』）

と説いています。

主観を離れて、客観的に自己評価をするには、**事実ベースで検討する**ことです。事

実によって自分の言動を吟味すると、謙虚に見つめることができます。

② 暗示の分析

本章の冒頭で、人には〝暗示を受け入れる〟能力が具わっていると指摘しました。これは、**知らない間に他人や外界からの影響を受けている**ということです。そこで必要なのが、「暗示の分析」です。

今この人が話している言葉、今この人がしている行為、これは果たして積極的なのかどうか、受け入れていい言動なのかどうかを吟味するのです。

環境とは、刺激や暗示の集合体です。つねに分析し、**積極的なものは取り入れ、消極的なものは排除する**ことが大切です。

③ 対人積極態度（言行の積極化）

まわりに健康を害している人や、悲運の人がいれば、鼓舞したり、奨励したりする以外の言葉を口にしないこと。健康を気にしている人に、

「顔色が悪いよ」

と言うだけで、相手は本当に病気になってしまいます。

そうではなく、明るく、朗らかに、生き生きと勇ましく、潑剌颯爽と何人《なんぴと》にも接します。こちらから**進んで積極的な態度で交流していく**ことです。

④取り越し苦労厳禁

先のことをあれこれ心配することが、取り越し苦労だと思われがちです。ですが、そんな人は、未来のことを心配するだけではありません。過ぎ去ったことにクヨクヨし、現在のことも苦痛の種にしているものです。

- 過去苦労をしない——今さらどうにもならない過ぎ去ったことを、いつまでもクヨクヨと思い煩《わずら》わない。
- 現在苦労をしない——目の前にある事柄を、なんでも苦にしてしまわない。
- 未来苦労をしない——まだ来ない先のことを、あれこれと暗くなる方向で想像し、思い煩うようなことをしない。

取り越し苦労の典型が、「天地が崩れてくるのではないか」と心配して眠れなかった、前出の杞の国の男でしょう。マイナスにばかり考える人は、進んでこういう苦労を背負ってしまいがちです。

これら三つの苦労は、想像力の悪用から起こります。**心を積極的にしてマイナスの想像を断ち切り、心を安定させることで気苦労から抜け出せます。**

⑤正義の実行

本心や良心を基準にした行動が「正義の実行」です。天風は、

「本心良心にもとると、やましい観念のために、心の力は常に萎縮してしまう」(『成功の実現』)

と注意を促しています。気が咎《とが》めたり、やましさを感じると、心は弱々しく萎《しぼ》んでしまいます。その結果は、病や不運を引き寄せるだけ……。

**健康と幸運を呼び寄せるには、本心や良心にかなった堂々とした生き方をすること**です。このとき、心の力は旺盛になるのです。

## 心と体を〝芯〟から練り上げる「鬼に金棒」のクンバハカ法

三番目の方法は、「クンバハカ法」です。

ヨーガの秘境での修行に坐禅がありました。ただの坐禅ではありません。ヒマラヤ山脈の雪解け水が流れる川で坐るのです。

冷たい水は下半身の感覚を奪い去ります。

このとき体は、雪解け水の流れから身を守ろうとする体勢になっています。天風はこの体勢をつぶさに分析して、

- 肩の力を抜く
- 下腹に力を充実させる
- 肛門を締める

という三つのポイントにまとめました。これらを三位一体として同時に行う体勢を「**クンバハカ**」と呼びます。いざというときには、「**瞬間的に息を止める**」止息《しそく》を加えることもあります。

すると、体内のエネルギーは、発散されることなく保たれた状態になります。また、ストレスから身を守り、十の刺激を二や三ほどに縮小させます。外界からの刺激に乱されることもありません。

クンバハカを実施する上での留意点は、次の通りです。

●肛門を締めるときは、腹のほうに吸い上げ気味に行い、腹がへこまないように気をつける。

●クンバハカ体勢とは、自然体でリラックスしたもの。息を止めないとクンバハカができないのは、余分な力が入っている証拠。

●下腹に力を充実させるときも、余分な力を抜く。力を入れようとすると、大宇宙から注がれているエネルギーをシャットアウトしてしまう。

まとめとして、クンバハカを応用したやり方を紹介しておきましょう。大きなストレスを受けると、心にダメージを受けて、マイナス思考をしがちになります。こんなときは、クンバハカを行いながら鏡に向かって、「慌てることはない」と自己暗示します。天風は、これを**「鬼に金棒の自己暗示法」**だと教えています。

ほかにも応用例として、**「活力移送法」**があります。クンバハカ体勢になって観念を集中し、自分の患部や、患っている人に活力を送るというものです。

①活力を移送しようと思う局所（患部）に意識を集中する
②息を吸いながら、その息に含まれる活力が局所（患部）に流入する様《さま》を思い描く
③息をたっぷり吸い込んだ時点で、クンバハカ状態になって息を止める
④全身の細胞にバイブレーションを与えるように、いきみながら息を吐き出す

クンバハカ法には、精神面では感情を安定させ、頭を冷静にし、胆力をつくるという働きがあります。肉体面では、消化吸収を活発にし、自然治癒力を旺盛にします。

## あの伊藤博文が恐れた男のスケールの大きさ

天風の教える「積極人間づくり」の具体的な実践法は、次の三つでした。

- 潜在意識を積極的にする「観念要素の更改法」（79ページ）
- 実在意識を積極的にする「積極精神養成法」（84ページ）
- ストレスから身と心を守る「クンバハカ法」（91ページ）

これら三つの方法を極めることによって、**絶対積極の境地**に至ることができます。

では、絶対積極の境地とは、どのようなものでしょうか。また、実際にどんな人物がいるのでしょうか。――天風が終始変わらぬ敬意を払った恩師に、前出の頭山満がいます。彼こそが絶対積極の典型といえるでしょう。

日露開戦の気運が高まった頃の逸話です。対露強硬外交を支持していた頭山満は、伊藤博文《いとうひろぶみ》（一八四一～一九〇九）を訪問すると、ずいっと椅子を進めて尋ねます。

「伊藤さん、あなたは今、日本で一番偉い人はどなたじゃと思いますか」

維新の元勲《げんくん》で生きているのは、伊藤ただ一人です。しかしまさか、自分ですとも言えません。返答に窮《きゅう》していると、頭山は姿勢を正して、

「おそれ多いことながら、それは天皇陛下でおわしましょう」

と言います。頭山は伊藤より十四も若年ですが、何を言い出すのか分からないところがあります。うっかり答えると、頭山の術中にはまります。もし、自分だと答えていたら、詰め寄られていたでしょう。続けて頭山は、

「では、臣下の中では、どなたが一番じゃと思われますか」

と突いてきます。相手が相手だけに、用心している伊藤にこう言いました。

「あんたでしょうが。そのあんたがフラフラと腰が据《す》わらんようでは困りますぞ」

伊藤は当時親露派で、戦争を回避しようと主張していました。これを頭山は牽制《けんせい》したのです。

後藤象二郎《ごとうしょうじろう》（一八三八〜一八九七）、陸奥宗光《むつむねみつ》（一八四四〜一八九七）、伊藤博文らが酒宴をしていて、頭山満のことが話題になったこともありました。「あれは恐ろしい男だ。何をしでかすか、分からんところがある」と一同は語ったといいます。元勲を相手に一歩も引かない、肚《はら》の据わった男が頭山満でした。

明治時代の思想家である中江兆民《なかえちょうみん》（一八四七〜一九〇一）は、晩年の著『一年有半』の中で、「頭山満君は、大人長者の風格がある。今の世の中で、古《いにしえ》の武士道を十全に残している者は、ただ彼だけである」と評しています。

頭山には、東洋的風格が具わっていました。人物のスケールは大きく、清濁併《せいだくあわ》せ呑《の》むの気概がありました。また、義理に厚く情の人でした。

さて、日露戦争が終わった直後のこと。韓国統監の任務に就いていた伊藤博文は、軍事探偵として活躍した天風にこう語ったことがあります。

「君は頭山満の薫陶《くんとう》を受けたそうだが、あの人は実に偉い人である。現に自分が私淑している新井石禅《あらいせきぜん》師が、かつて頭山君に相会《あいかい》したときの感想として、『今までいろいろの人に会ったが、頭山氏のような、どう見ても少しも偉く見えないで、しかも本当に偉いと思う人に会ったことがない』と非常に感激していた」（『真理のひびき』）

伊藤は、頭山の人物を見抜いていたのです。

## 人間ここまで肚《はら》ができれば〝文句〟なし

頭山満の偉さとは、「大賢《たいけん》は愚《ぐ》のごとし」「大人《たいじん》は小児《しょうに》のごとし」という偉さです。伊藤の話に出た禅僧の新井石禅（一八六五〜一九二七）が見抜いたように、見る人が見れば、「少しも偉く見えないで、しかも本当に偉いと思う人」が頭山です。

実際に頭山は、大まかなことを好み、小事にはこだわらない人物でした。手ぬぐいを持たずに風呂に入り、洗うこともなく、湯船に一度つかると、後は水を手で払って着物を着るという具合でした。履き物は、足に当たり次第に履くので、左右が違っていようが、人のと取り違えようが気にすることがありません。彼は大飯を食らい、底知れぬ怪力の持ち主でもありました。

ある宴席で、「福島新聞」の主筆と、警察部長が口論を始めたことがあります。酒の席でのもつれ合いでしたが、二人はたちまち取っ組み合いの喧嘩になりました。腕っぷしの強い警察部長が、主筆を組み伏せると殴り始めます。日頃から対立していたこともあって、殴り出すと止まりません。

傍観していた頭山は、片手を伸ばすと、警察部長の足を摑んで引き擦《ず》り下ろしました。座ったまま片手を動かしただけです。しかし警察部長のほうは起き上がることができません。その怪力に、同席した人たちは驚嘆したといいます。

こんなエピソードもあります。天風が恩師である頭山のお供をして電車に乗ったときのこと。駅に到着し、天風が頭山の手を引いて降りようとしたとき、頭山が、

「今日は、おいどん、切符を持っちょるぞ」

と言います。そのまま頭山は車掌に切符を差し出しました。車掌は点検すると、

「馬鹿、こんなもんが通用するか」

となじりました。十年前の切符だったのです。頭山はニコニコ笑いながら、

「通用せん切符じゃったかい。堪忍せえ。いくらじゃ」

と天風から切符代を借りて払いました。天風はその車掌を叱ろうとしましたが、

「あいうときに怒っちゃならんぞ。通用せん切符を出しゃ、馬鹿じゃい。馬鹿だから馬鹿と言われたんじゃい。それを怒る奴があるかい」

とたしなめられたといいます。

天風は、その著『研心抄』でこんな意味の説明をしています。

本当に偉い人物というのは、凡人と違って、人生観が確固不抜である。肚ができており、いかなるときも泰然自若《たいぜんじじゃく》としている。世の中のことに対して、まるで無関心のように見える。これが凡人の目には愚者のようにも、小児のようにも見えるのであろう。しかし、人生に一大事が起きたとき、凡人は心の平静を失って狼狽してしまうが、こういうできた人物は、平然と対処する――。

この境地が**絶対積極**です。何か事があるときも、ないときも、つねに泰然不動としている状態です。天風には、恩師の頭山満が絶対積極の手本として映っていたのです。

では、天風の「絶対積極」の言葉を見ていきましょう。

## 11

### ……人生を驚くほど好転させる〝魔法の呪文〟

私は今後かりそめにも、わが舌に悪を語らせまい。
否　一々《いちいち》わが言葉に注意しよう。
同時に今後私は、最早《もはや》自分の境遇や仕事を、消極的な言語や、
悲観的な言語で、批判するような言葉は使うまい。
終始　楽観と歓喜と、輝く希望と撥剌たる勇気と、
平和に満ちた言葉でのみ活きよう。
そして、宇宙霊の有する無限の力をわが生命に受け入れて、
その無限の力で自分の人生を建設しよう。

『天風誦句集（一）』

右の言葉は「言葉の誦句」の全文です。この書き出しを現代語に改めると、

「私は今後、まちがっても自分の舌に、悪い言葉を語らせないようにしよう」

となります。ここには、

「舌は言葉をしゃべる道具であるが、この舌にどんなことを語らせるかは、私の心次第だ。だから心のあり方に注意して、ふだんから積極的な観念を抱こう」

という含みがあります。天風は、

「何気なく出てくる言葉というものはあるものではない。どんな人の言葉ですら、その言葉になる前には、観念が言葉を創る」（『運命を拓く』）

と言いました。

この誦句を唱えると自己暗示になり、期せずして観念要素をマイナスからプラスへと入れ替えてくれる効果があるのではないでしょうか。**プラス言葉を使おうと誓ったら、潜在意識をプラスにしておくこと**です。

さて、この誦句には二つの実践テーマが盛り込まれ、入門者に好まれています。

●マイナス言葉をやめる――消極的な言葉や、悲観的な言葉で、自分の境遇や仕事を批判するのをやめる……。**マイナス言葉をやめるだけでも、心が明るくなり、大きな効果**があります。

●プラス言葉を使う――終始一貫して、楽観、歓喜、希望、勇気、平和に満ちた言葉を使って暮らす……。**マイナス言葉をやめて地ならしをし、その上にこれらの積極的な言葉を築こう**ということです。

「顔が青いよ」

と言われたとしましょう。しかし、そんな言葉に影響されてはなりません。

「豆は青いほうがうまい」

と平然としておればいいという事例を交えつつ、天風は、

「言葉ばかりは、どんなに気をつけても、気をつけすぎて困るということはない」

と指摘します。たとえば暑いときに、

「暑いな」

と言うのはかまいません。客観的事実だからです。しかしその後に、

「やりきれないよ」

とつけ加えると、マイナス言葉になります。こんなときこそ心を鼓舞するように、

**「暑いな、よけい元気が出るよ」**

と、プラス言葉を使ってみることです。すると本当に元気が出てきます。人の気持ちを暗くするマイナス言葉は、心に飲ませる毒薬に等しいものです。今後は自分の言動に責任を持つことです。

リンカーンは、大統領に就任したとき、閣僚として推挙された人物を取り立てませんでした。理由を問われると、あの男の顔が気に入らないと答えました。

「四十歳を過ぎた人間は、自分の顔に責任を持たなければならない」

というのが根拠です。

これまでの生き方が人相に現れます。積極的に生きてきた人は、悪い表情をしていません。自分の顔に責任を持つとは、その言動をも含めて責任を持つということです。

〝奇跡を起こす〟
天風の言葉
12

……「おんにこにこ　腹立つまいぞや　そわか」

三勿三行《さんこつさんぎょう》こそ
感情統御に現実の著効《ちょこう》をもたらす秘法なのである。

『叡智のひびき』

人生を失敗に導く「消極精神」を、天風は「三勿《さんこつ》」としてまとめました。これは「三つの勿《なか》れ」ということで、天風がリストアップしたのは次の三つです。

● 怒らない
● 恐れない
● 悲しまない

三勿とは、これら三つの感情をなくしなさいということではありません。感情が湧くのは自然の摂理です。そうではなく、**マイナスの感情に振り回されるな**ということでしょう。たとえば、カッとなった瞬間に見境もなく手をあげていた、というのでは感情の奴隷です。どんなときも、感情の主人でなくてはなりません。

これらとは反対に、人としてすべきことを、天風は「三行」として掲げました。

● 正直――本心や良心に恥じない行動をすること。

もちろん、嘘やいつわりを言わないことも正直ですが、これを四角四面に実行すると、世間は狭くなります。時には、善意の嘘をつかなければならない場合もあるでしょう。正直ということを、「嘘やいつわりを言わないこと」と形式的に捉えると、身動きできなくなります。そんな形式に縛られるのではなく、本心や良心にかなった行動をすることが「正直」ということでしょう。

## ●親切——本心や良心から現れた他愛の行動。

中国古代の儒家《じゅか》である孟子《もうし》（BC三七二？～BC二八九？）に、「惻隠《そくいん》の心」というのがあります。人をあわれむ心です。たとえば、幼児が井戸に落ちそうになったら、即座に駆け寄って助けるでしょう。そこには、何の打算もありません。これが、「惻隠の心」ですが、この心を前提として、孟子は性善説を唱えました。

「惻隠の心」は、誰の心にも生まれながらに具わっています。この心が行動面に現れたものを、孟子は「仁《じん》」と言い、天風は「親切」と呼んだのでしょう。

●愉快——正直や親切といった、本心や良心から発した行動をとったときに感じる、言いようのない喜び。これが「愉快」ということです。

心には、**霊性、理性、感情、感覚、本能**といったレベルがあり、どのレベルでも愉快な感情が湧きますが、天風は、霊性から発した「愉快」を最上としたのです。

この、三勿三行の実践が積極的な心を保つ極意です。

こんな寓話があります。

あるところに、腹を立ててばかりいる老婆がいました。一人の禅僧が、「そなたに秘法を伝授しよう。いつも次の言葉を唱えておきなさい」と言って、

「おんにこにこ　腹立つまいぞや　そわか」

という唱文を与えました。老婆は不機嫌に「おんにこにこ」と声に出してみると、不思議と心が揉みほぐされるような気分になります。

「こりゃあ、ええ」と唱え続けているうちに、いつしか柔和な顔つきになっただけでなく、村人が慕ってくるようになりました。三勿に陥らないようにさせる唱文です。

"奇跡を起こす"天風の言葉

13

……マイナス感情を即座に手放す達人の生き方

少しでも心の中に悲しみを感じる心、
怒りを感じる心を、長く滞《とどこお》らしている人があったら、
その人は消極的なのだ。

『運命を拓く』

仏教学者として名高い鈴木大拙《すずきだいせつ》（一八七〇〜一九六六）がまだ二十二歳のときのことです。

師の今北洪川《いまきたこうせん》（一八一六〜一八九二）が急死しました。尊敬する老師が倒れたことは、多感な青年にとっては、胸が引き裂かれるような思いであったはずです。

しかし大拙が書いた伝記『今北洪川』には、

「（医者は）脈をとり、胸へ聴診器をあてて見たが、『もう事切れた』と宣言した。肥えておいでだった老師にはこんな御臨終は予期せられたことであったろう」

と淡々と述べられているだけです。

このことについて、大拙に師事した哲学者の志村武《しむらたけし》（一九二三〜一九八九）は、

「私はそこに、いわゆる二の念をつがない大拙先生の真面目《しんめんぼく》を見る。先生は悲しいときには心底から悲しむ。しかし、いつまでもその悲しみにとらわれて、どうしたこうしたと、二念、三念をつぐことはなかったのである。先生はそんな情念的執着をはるかに突き抜けてしまっていた」（志村武『鈴木大拙随聞記』）

と記録しています。

悲しいときには、心底から悲しむ。これが初念です。

そして、深く悲しんだ後は、思い煩いません。つまり、二念を継がなかったのです。

そうすることで**感情に振り回されることがなくなります**。

もし、二念、三念……と、その胸に悲しみを長く滞らせていたら、その人は消極的です。これが右の言葉（「少しでも心の中に悲しみを感じる心、怒りを感じる心を、長く滞らしている人があったら、その人は消極的なのだ」）の意味です。


昭和三十七年（一九六二）のこと、天風の妻ヨシ子が亡くなったとき、天風は枕もとに座って身動《みじろ》ぎもせず、長年連れ添ったその顔を見つめていました。目からは涙が止めどなく流れていました。

しばらくして、使いの者が来て、

「先生、お時間です。お迎えに参りました」

と言うと、一呼吸おいて、

「ようし、行こう」

と立ち上がりました。そのときはすでに、普段の天風に戻っていたそうです。心の底から悲しんだ後は、二念を継がなかったのです。大拙と通じるものがあります。

天風の「怒らない、恐れない、悲しまない」という三勿の教えには、**些細なことでマイナス感情を抱いてはならない**とする側面と、**大いなる悲しみであっても二念を継がない**という側面があるのではないでしょうか。

悲しいときは、悲しんでいいのです。怒りを感じたときには、怒っていいのです。天風は情感の豊かな人でした。しかし、悲しみや怒りにはとらわれませんでした。天風は「怒ったり、悲しんだり、痛いとか、憂いとかいう場合、それを感じると同時に、握ったら放さない。それがいけないのだ。」（『運命を拓く』）と言います。

握った悲しみをパッと放したり、二念を継がないところに、達人の生き方がありま す。

感情にとらわれるから、二念、三念を継ぐのです。そうではなく、怒るや、たちまち、怒りを手放す。悲しむや、たちまち、悲しみを手放す。この心機転換の素早さによって、まわりの人には天風の感情が見えないときがあったのです。

14

…〝失敗の雪ダルマ〟を一瞬にして溶かす心機転換

悲しいことがあっても、それを楽しみにふりかえる。
苦しいことがあっても、それを楽しみにふりかえる。
腹が立つことがあっても、それを楽しみにふりかえる
というふうに、
おのれの心をスッ、スッと変えていく。

『心に成功の炎を』

ある人が、天風の自宅を訪問したときのことです。

天風は英文タイプを打っていました。仕事中だと察したその人は、邪魔をしてはいけないと思って黙って傍らに立っていました。ただ、その鮮やかな手さばきを見つめているばかり……。

すると天風は、

「話があって来たんだろう。タイプは目と手があればできるんだ。耳は空いている。早く言いなさい」

と促します。恐る恐る彼は話し始めました。話を聞いている間、天風はリズムを崩すことなくタイプを打ち続けていましたが、質問が終わると、

「それはこうなんだよ」

と詳しく説明をしたそうです。しかもその間、手を休めることはなかったのです。

なぜこのような芸当ができたのでしょうか。それは、話をすることと、タイプを打つことの間で、素早い心機転換を繰り返していたからです。

何人もの話を同時に聞きながら、それぞれに的確な答えをしたという聖徳太子の故

事は有名です。この体験をしてからというもの、その人は、聖徳太子の超人技を信じることができるようになったと語ります。

仕事や受験勉強をしていて、頭にモヤモヤと雑念や妄念が湧きあがると、集中力が途切れ、能率が下がります。そんなときは心機転換をはかって、雑念や妄念を吹き飛ばすことです。

「おのれの心をスッ、スッと変えていく」(『心に成功の炎を』)

この技によって、マイナスをプラスに切り替えていくことを、右の言葉は教えています。これが心機転換です。

マイナスの考えが湧いたときには、パッと心をプラスへと転換させます。いつまでも、クヨクヨと苦い思いにこだわっていると、雪ダルマ式に失敗を膨らませるだけ……。では、どうすればいいのでしょうか。思いつくのは、こんな方法です。

- 楽しく明るい音楽を聴く
- ティータイムを挟んで、気分を変える
- きれいな風景の散歩道を歩く

ここでは瞬時に気分を変える方法を紹介しましょう。天風の直弟子から教えてもらった日常的に使えるやり方で、次の三つのことを同時に行うのです。

**①口笛を吹くように口をすぼめて、フッと鋭く息を吹く**
**②同時に、サッと首を横にふる**
**③鋭く吹いた息とともに雑念や妄念が吹き飛んだ、とイメージする**

この瞬時の動作のなかで、意識は吹く息に向けられています。すると、息を吹き切ったあとのコンマ1秒ほど「無念」の境地を味わうことができます。

このテクニックは、簡単ながら効果は絶大です。もやもやと雑念、妄念が湧いてきたときに、鋭く息を吹きながら、首を横に振るだけ。吐く息で、雑念や妄念を吹き飛ばします。

次は吸う息ですが、このとき大宇宙のプラスの気を大きく吸い込みます。すると活力が充満し、一瞬にして気分が転換するのです。

15

……大我に生きるための四条件

いつも、「清く、尊く、強く、正しく」という
積極的態度で終始しなければならない。
そうすれば、自分でも不思議なほど、
元気というものが湧き出してくる。

『運命を拓く』

他人と張り合ったり、自分の弱さに向き合ったりする積極は、小さな積極（相対積極）です。もちろん、人間の成長プロセスにはなくてはならない通過点です。この通過点を経て、人はもっと大きな境地に立つことができます。

この最高の境地が、**絶対積極**です。天風はこの境地を、平易な四つの言葉――**尊い、強い、正しい、清い**、で定義づけました。

## ①尊い

世のため人のために自分を使うことを喜びとする人は、大きな境地に立脚しています。そんな人は、雑念や妄念にとらわれていません。ここに尊さがあります。

地位や財産のある人が尊大ぶった自分を見せるとき、これを尊いとは言わないでしょう。地位がある自分、財産を持っている自分というのは、世俗的な名誉の人であり、相対的なものです。

そうではなく、自分の感情や私欲などにとらわれない生き方をするときに、おのずと徳が顕《あら》われます。これを「尊い」といいます。

## ②強い

人は積極的に生きるとき、病や悲運を吹き飛ばしてしまいます。

大宇宙の活力が最大限に受け入れられ、生命力が旺盛になります。本来、人間とは強いものである――という性強説が自明のものとなるのです。

このとき、大きなパワーが発揮されますが、ギラギラした強さではありません。まさに、強固な信念に裏打ちされた本物の強さです。

## ③正しい

本心・良心を判断基準として生きるということです。

「本心良心に従うということは、時とすると理性の判断と混同しやすいゆえ、注意せねばならない」(『叡智のひびき』)

と天風は言います。たとえば理性で「正しい」というのは、正誤を見分ける知性的な判断において「正しい」ということです。これも素晴らしいのですが、理性には限界があります。理性を超えた、大いなる境地から判断するところに絶対積極の正しさがあります。これは、本心・良心において「正しい」ということです。

## ④清い

恬淡《てんたん》としていることです。物欲や金銭欲は必要ですが、これが過ぎると気が濁ってしまいます。絶対積極の気は、清く澄んだ状態です。では、欲がないのかというと、そうではありません。進化・向上に貢献するという大いなる欲が出てきます。

これら四条件のどれか一つでも欠ければ、絶対積極とは言えません。天風は、「積極的というのは、心の尊さと強さと正しさと清らかさが失われない状態をいう」（『心に成功の炎を』）と言います。

四条件をクリアした人は、小我《しょうが》にとらわれることなく、**大我《たいが》に生きる人**となります。そんな人から湧き上がる気は、まわりを勇気づけます。

これが、元気というものです。

…大釜の中の〝大地獄と大極楽〟

地獄をつくり、極楽をつくるのも心だ。心は、我々に悲劇と喜劇を感じさせる秘密の玉手箱だ。

『盛大な人生』

徳川三代将軍・家光（一六〇四〜一六五一）は、剣の指南役である柳生但馬守宗矩《やぎゅうたじまのかみむねのり》からたびたび沢庵禅師のことを聞かされていました。関心を持った家光は、江戸城に沢庵を招きます。

その際の問答の一つです。家光が、

「地獄・極楽とは何か」

と問うと、沢庵はこう答えます。

「地獄・極楽は、要するに私たちの心の上のことであって、心が浄《きよ》ければ、身体はどこにあっても極楽です。

心がけがれておれば、たとえ金殿玉楼《きんでんぎょくろう》に住んでいても、そこは地獄です。

心が浄いというのは、自我（エゴ）の一念を捨てること。自我に執《と》らわれる心を捨てるなら、そこに大きな、ひろい、光に満ちた自分が見出されましょう。そこが極楽です」（松原泰道『沢庵』）

地獄も極楽も、心の中の境地です。

実際に地獄や極楽があるかどうかは別にして、沢庵は心の持ち方一つで、地獄に住むことも極楽に住むこともできると言ったのです。

京セラ創業者の稲盛和夫は、利他《りた》の心こそ極楽をつくるとして、次の事例を好んで語っています。

部屋の真ん中に大きな釜が据えられ、おいしいうどんが煮えているとしましょう。つけ汁も用意されています。ぺこぺこに腹を空かせたみんなでこの鍋を囲みますが、なんと一メートルもの長い箸が用意されています。

うどんを自分の口に運ぼうとしても、箸が長すぎて口まで持ってくることができません。せっかくのうどんを床に落として、うどんが飛び散ります。

自分の箸では食べられないので、隣の人のうどんを横取りしようとする人がいます。「オレのものだ。邪魔をするな」と喧嘩になります。

釜が引っくり返ります。「お前のせいで台無しだ」と箸で相手をつきます。相手も殴り返します。結局、誰もうどんを食べられません。これが地獄です。

では、極楽とはどのようなものでしょうか。長い箸ですくい取ったうどんを向かいの人のつけ汁につけて、「どうぞ」と食べさせてやります。「お返しに、あなたもどうぞ」と相手からも食べさせてもらいます。お互いに譲り合いながら、交互に食べ合うのが極楽です。

つまり、**利己心に走りすぎた結果が地獄をつくり、利他の心からは極楽が出現する**と稲盛は説いたのです。

「地獄をつくり、極楽をつくるのも心だ」（『盛大な人生』）

と天風は喝破しました。

地獄とは、自分が、自分がと、小我にとらわれることです。そんなとき、感情や欲望に振り回されます。煩悶《はんもん》することの多い人生――これが地獄です。

極楽とは、尊く、強く、正しく、清いという絶対積極の境地に生きることです。また、その世界を目指すことです。こうして、とらわれのない大我に生きるとき、欲望や感情に振り回されることはなくなります。

地獄をつくる小我、あるいは利己心。極楽をつくる大我、あるいは利他の心。――まさに、地獄をつくり、極楽をつくるのは心なのです。

17

## …憤怒の息は毒素となり、血液は黒褐色に変化する

血液というものは、常に、弱アルカリ性でなければならない。

『真人生の探究』

天風門下の医者を、高血圧に悩む一人の中年紳士が訪れました。

「ある健康法の大家から、高血圧症には植物食がいいと勧められました。一年間ほど続けましたが、よくなる気配がありません。本当に植物食はいいのですか」

という相談内容です。

質問を受けた医者は、

「もちろん植物食は健康のためによい」

と答えたものの、ふと考えるところがありました。

「もしかしたら、あなたはいつも血圧のことを気にかけているのではないですか」

中年紳士は、さも当然という顔で答えます。

「気にせずにはいられません。三日とおかず血圧を測ってますよ」

「それですよ、あなたの血圧が下がらない理由は……。たとえ植物食で血圧が下がり、健康的な弱アルカリ性の血液になったとしても、血圧が下がったかどうかと気にしていたんでは、血液はたちまち酸性になってしまいます」

と注意を与えた後、

「植物食を続けてください。その上で、積極精神づくりの方法を実行してはいかがでしょう」

と提案しました。積極精神づくりの方法とは、天風の創案した一連の方法を指します。これを実行すると、間もなく中年紳士の血圧は、理想的なものになりました。

ちなみに天風は、食物を摂る際の心得を次のように挙げています。

- 植物性のものを摂ること
- 粗食にすること
- 刺激の激しいものは、たくさん食べないこと
- 午前はできるだけ淡泊なものを摂ること
- 病人には、たとえ滋養物でも本人の嗜好しないものは勧めないこと
- 時候外れのものは出来るだけ避けること　（『真人生の探究』より要約）

このように食物に留意するとともに、心を積極的にし、血液を弱アルカリ性に保つ

ことが、健康の秘訣です。

話を戻して、心の側面に絞りましょう。心が消極的になると、血液の色や味わいが変化します。天風は、

「怒ると黒褐色に変化し、その味わい渋くなり、悲しむと茶褐色となって苦味を呈し、恐れると淡紫色傾向となって、酢味を感ずる」（『真人生の探究』）

と指摘しています。

人生の師父とも呼ばれ、昭和を代表する政治家や名だたる財界人に慕われた安岡正篤《やすおかまさひろ》（一八九八～一九八三）は、血液ではなく、吐く息の変化を報告しています。

冷却装置の中に、われわれの吐く息を吹き込むと、息が液化する。精神状態が平静であれば無色に近いが、悲しんでいるときは灰白色、恐怖のときは青色、恥じると桃色になる、と。

奇《く》しくも二大先哲が、マイナス感情に陥ってはならない、陥ると血液や息の色に変調を来《きた》すと忠告しているのです。心を積極的にし、血液を弱アルカリ性に保てば、たとえ体内に病原菌が入っても、そう簡単には病にかからない健康体になります。

〝奇跡を起こす〟
天風の言葉
18

……五感を研ぎ澄ませば第六感まで〝積極化〟できる

勘をよくするというのは、
五感の感覚の機能を正確、優秀にすることである。

『心に成功の炎を』

勘をよくするとは、感覚を積極的に働かせることです。狙いは自己統御ができるようになること。たとえば、天風が英文タイプを打ちながら人の話が聞けたのは、感覚を統御し、素早く心機転換ができた結果です。

あるとき天風は、昵懇《じっこん》の間柄である蜂須賀侯《はちすか》（年代的に蜂須賀正韶《まさあき》と思われる）に誘われるまま、東京競馬に行ったことがあります。

蜂須賀は徳島二十五万石の大名の末裔《まつえい》であり、維新後は侯爵《こうしゃく》に列せられています。

さて、負け馬続きの蜂須賀を尻目に、天風の馬券はことごとく勝ち馬でした。

もともと財産をなげうって辻説法から始めた天風ですから、お金《かね》には淡泊です。

「勝負事は買ったり負けたりするから面白いのである。どちらか一方に偏っては面白くもあるまい」

と、それっきり競馬はやりませんでした。天風の言葉の「どちらか一方に偏る」とは、勝ち続ける一方では勝負にならないということです。競馬については、ほかにもこんな逸話が残っています。

ある日のこと、天風の家に出入りしていた魚屋の小僧が、はじめて競馬場に行くこ

とになったとはしゃいで、

「どの馬に賭けたらよろしいでしょうか」

と気安く相談します。

「それは楽しみなことだ。これだね」

と天風が指差した馬は、数合わせに加えたという駄馬でした。

当日、競馬場にやってきた小僧は駄馬と知りつつ、あえて天風が教えた馬に賭けることにしました。馬がいっせいに疾走します。ですが、その馬はどんどんと後れをとり、諦めかけたとき、先頭馬が横転します。次々に乱調となり、その間隙を縫って駄馬が抜きん出て、一着でゴールしました。滅多にない当たりです。

翌日、喜び勇んで小僧が現れ、結果を報告しながら、

「賞金の分け前です」

と一封を差し出して、天風を笑わせたそうです。

このように天風の勘はいつもさえ渡っていました。では、勘を磨くにはどうしたらいいのでしょうか。

天風の教える方法は、次の通りです。

● 時計の針の音がかろうじて聞こえる程度に耳から離し、その音を注意深く聞く
● 電車で乗客が話している言葉の中で、一番聞き取りにくいような小声の会話だけを耳に入れる
● 他人に十個ほどの品物を並べてもらい、それをパッと見てから後ろ向きになり、品物を言い当てる
● 十数個の黒の碁石の中に、白の碁石を一個交えた袋を用意し、触覚だけで白石を取り出す
● 青・赤・白・黒・黄の五色のカードを袋に入れ、触覚で何色かを当てる

このような訓練によって勘をよくし、視覚、聴覚、触覚を研ぎ澄ましていきます。

そして認識力を鍛えて、知覚作用を正確にします。そうしないと、正しい自覚、悟り、第六感という高度な精神作用が鈍くなるからです。

〝奇跡を起こす〟
天風の言葉

19

…誤ったエネルギーの使い途を未然に防ぐクンバハカ法

肩が上がると、横隔膜が上昇するから、
キューッと気分の中に空虚を感じるのである。
そうすると、神経系統の調子を狂わしてしまうのだ。

『心に成功の炎を』

人は肩が上がると心の安定を失い、わずかなことで感情に振り回されてしまいます。横隔膜が上昇することで、感情を統御する力がなくなってしまうからです。

もしマイナス感情が支配的になったと気づいたら、肩が上がっていないかをチェックすることです。上がっていたら、要注意……。まず、肩の力を抜きましょう。そうすると、気持ちが安定します。

たとえば、部下に「期日までにやり上げるように」と、くどいように念を押していた仕事ができていないとしましょう。

「こんなことではダメだよ」

最初は冷静に叱ろうとします。ところが、部下は深謝するでもなく、事の重大さを認識していません。思わず、カッとなって怒ってしまう……。

そんなときは、肩が上がり、エネルギーが溜まっているものです。エネルギーは怒りへと転換し、怒りが怒りを呼ぶことになります。

さらに部下の〝叱られ方〟が下手だと怒りは倍増します。

冷静に叱ろうという最初の目論見などすっかり忘れて、自分の腹立ちをすっきりさせることが目的にすり変わってしまっては、元も子もありません。

こんなときこそ**クンバハカ体勢**をとることです。天風は、

「何としても怒り、悲しみ、怖れを抑制する事のできない時は、そういう時こそクンバハカ密法の修練にもっとも都合のよい時であるから、一段と真剣に実行するがよい」（『叡智のひびき』）

と教えます。

すでに紹介したように、クンバハカ体勢とは、肩の力を抜き、下腹に気を込め、肛門を締めることでした（91ページ）。

静かに肩を下げましょう。そうすることによって、怒りが消えます。

人は、肩を下げたまま怒ることはできません。クンバハカが習慣化すれば、感情に振り回されそうになる状況からも解放されることでしょう。

## 第3章

# 「不足・不安・不可能」のない生き方はできる

# 信念ある男には弾雨《だんう》も避けて通る

福島県いわき市にあった磐城《いわき》炭鉱（常磐炭鉱の前身）で、大正時代のあるとき、ストライキが起こりました。

ストライキといっても、生半可なものではありません。不景気で食うに困った坑夫たちが、何度も賃上げの要求を却下され、暴動へと高まっていったものです。

筵《むしろ》を旗にして立てこもっています。筵旗《むしろばた》というのは、農民一揆で使われました。布の旗の代用として筵を用いたものであり、ストライキというよりは、命懸けの一揆なのでしょう。手に負えるものではありません。

最初に調停の矢面《やおもて》に立ったのは、日蓮宗の僧、田中智学《たなかちがく》（一八六一〜一九三九）でした。しかし、「坊主など、死んでから来い」と言われてしまうありさまです。

「朝も早よからカンテラ下げて、坑内下がるも親の罰」

とうそぶいている彼らに、説法は通用しません。

次に調停に臨んだのは、陸軍大将の大迫尚敏《おおさこなおはる》（一八四四〜一九二七）でした。軍隊時代の部下の心に訴えようとしたのです。しかし坑夫側も命懸けで始めたストライキであり、金銭面の解決を抜きにして説得に応じることはありません。

膠着《こうちゃく》状態が一カ月ばかり続きました。経営者側の焦りは募り、事の解決を頭山満に委ねます。頭山はすぐに天風を呼んで、

「磐城炭坑が騒ぎよる。おぬし行って鎮《しず》めてきてくれ」

その足で天風は現地に飛びます。

炭坑の入り口には橋がかかっていました。橋を渡った先がストライキの現場です。

「どこへ行かれる」

付近に張られていたテントから尋ねる警察官に、

「頭山満翁の命令で調停に来た」

そう天風が言い終わらないうちに、奥から警部が出てきて、

「そりゃあ無謀です。あの通りだ」

と指差します。確かに、まるで一揆のような筵旗が踊っています。

「かまわんよ」

天風は橋に足を踏み入れると、ゆっくり進みました。その途端、向こうの端から鉄砲が撃たれます。威嚇《いかく》射撃をしたのでしょう。

「奴らはね、人の一人や二人を殺すのはなんとも思ってやいませんよ。お怪我《けが》をしてもつまりません」

と天風の背後から、警部の心配する声がします。そんな忠告に応じることなく、天風が橋を渡っていくと、外套の腰のあたりをブスッと弾が貫きました。

ズボンの端にも弾が突き抜けます。このときの心境を、天風は幾度となく講演で語っています。

「オレは今、この人間たちの気の毒な状態を救いに来たんだ。喧嘩しに来たんじゃない。救いに来るという気持ちは真心《まごころ》なんだ。

オレは別に功名を立てようでもなければ、これを仲裁していくらもらおうっていうんでもない。鎮《しず》めさえすりゃあいい。

その鎮めるという心は、お互いの調和をつくるためだ。いさかいを止めるためだ。その人間に弾が当ってたまるか」（『成功の実現』）

正義のために、信念を持って行動する人間に弾は当たらない、という確信が天風にはありました。大局から事態を読み切っていたのでしょう。当たらないということが自明のことだったのです。

## 天風が示した〝ドンデン返し〟解決法

天風が橋を渡り切ったとき、

「やい、鉄砲の音が聞こえねえのか」

と相手方が声を発します。

同時に、人相の悪い男がナイフを突きつけます。

「聞くところによると、石炭を掘っている人間というのは、仁義《じんぎ》に堅いというじゃないか。ひと月でも先に生まれた者は、年長として敬《うやま》う。悪事を働いた奴でも、おまえさんたちが匿《かくま》えば、頑としてお上に渡さないと聞いた。本物の坑夫さんを出してくれないか」

と天風が啖呵《たんか》を切ります。

「オレたちが本物だ」

「するってえと、聞いたのと見たのでは違うようだ。おまえさんたちの頭《かしら》はどこだ」

「会わせねえ」

「頭に会ってから後、煮て食おうと焼いて食おうと、勝手にすりゃいい」

と歩き出すと、放し飼いにしている鶏が、天風を避けて四方に散りました。

近くにいた鶏をステッキの先で二、三度、天風は突つきます。すると、どうでしょう。まるで魔法にでもかかったかのように、鶏は動きを止めます。天風は次々とステッキの先で鶏の動きを止めていきました。

この種の催眠術を、天風は修練会でよく実演しています。筆者は、天風会第四代会長の杉山彦一が鶏に催眠術をかけるのを目の当たりにしたことがあります。キュッと指で押すだけで、鶏は目を開いたまま、体の動きが止まった状態になりました。

さて、天風のこの人間離れした技を目にして坑夫たちは驚きました。さらに天風は相手のナイフをもぎ取ると、自らの掌《てのひら》で刃をぐいっと握りました。そしてゴシゴシとしごき、掌を開くと、傷一つできていません。

これについても天風は、満州時代に愛用した銘刀、永正 祐定《えいしょうすけさだ》の白刃を握りしめ、その上を布でぐいっと結ばせ、白刃を鮮やかに抜き取るという実演を何度となく見せています。

「切れねえじゃねえか」

と持ち主にナイフを返します。坑夫たちはポカンと口を開けたまま、呆然《ぼうぜん》としています。

「さあ、案内しな」

まるで天敵ににらまれた小動物のように、天風に従います。ようやく彼らのリーダーと膝を突き合わせて話すことができました。

「長い籠城《ろうじょう》でお困りのご様子だ。何はさておき、この遊んでいる人間が日干しになるのをなんとかしなきゃいけねえな」

「いくらか持っておいでになりましたか」

「銭は持って来てねえんだよ。だが話はつくようにしてやる。そこに積んである貯炭《ちょたん》を叩き売っちまいな」

貯炭は坑主の所有です。これに手をつけることに抵抗感がある彼らに、オレが責任を持つと天風は請け負い、ストライキは収まります。

ところが、この解決策に不満を持ったのが、炭坑の経営者側です。貯炭を勝手に処分した、これは背任罪に当たるとして天風を訴えたのです。

事の次第を知った頭山満は、一喝しました。

「こちらに任せると言った以上は、天風が何をしようと勝手じゃ」

この一言で、訴えは取り下げられました。

しかも成功謝礼として、当時のお金で一万円（現在の一千万円相当）が支払われました。このお金をすべて、天風は坑夫たちに分け与えました。天風の行為は、金銭目当てのものではなかったからです。

## われは孤ならず――巨大な力「宇宙霊」がバックアップ

なぜ天風は、このような英雄的行為が取れたのでしょうか。

それは、確固不抜たる信念があったからです。

「正しいことをしてる人間に正しからざる出来事の生ずるはずはない、ということが私の信念だ」（『成功の実現』）と天風は言います。正義のために行動する自分に、弾が当たらないと確信できたのは、信念のなせる業でした。

正しい信念とは、本心・良心に反しないということです。本心・良心を煥発《かんぱつ》（輝き現れること）すれば、大いなる力が湧き上がり、プラスの出来事が起こります。大局的に見れば、正しいことをしている人間に、マイナスは生じません。

では、天風はどんな信念を持っていたのか、講演から抜粋しておきましょう。

「自分は肉体でもない、心でもないという心持ちが、信念にならなければいけない」（『心に成功の炎を』）

――本当の自分とは何でしょうか。それは肉体でも心でもありません。生命です。生命が活動する道具として、心が与えられ、肉体が与えられているのです。天風は、生命こそが本当の自分だ、ということを信念として摑み取りました。

「自分は宇宙霊と一体だという、この信念をもたなければならない」（『盛大な人生』）

――自分という個の生命は、大宇宙の生命、すなわち宇宙霊と通じています。個の生命と宇宙霊は一体です。天風はヨーガでの悟りにおいて、この一体感を摑み取りました。そして、この一体感を「不孤《こならず》」と呼びました。人間は孤独なのではない、一人ぼっちではないということです。

病になろうと、不運な目に遭おうと、自分一人でこれらに立ち向かっているのではありません。宇宙霊という計り知れない力がバックアップしてくれています。このバックアップし、守ってくれている力を信じて生きる――そんな信念を持つとき、孤独感は吹き飛びます。これが天風の信念です。

「万物の霊長たる自分には、人間の生命に生まれながら与えられている天賦のものが発現できないはずはないんだという敢然《かんぜん》たる信念が断固として必要なのである」（『成功の実現』）

――生まれながら与えられている天賦のものとは、「積極性」です。生命とは、生きて、生きて、ひたすら生き抜く積極的なものでした。この生命に与えられた天賦の積極性は、順境のときはもちろん、逆境にあっても発現されます。このことに信念を持っている人は、自分を信じて行動できます。

まとめると、天風の信念は次の通りです。

①われとは生命である
②不孤――われは宇宙霊と一体である
③持って生まれた積極性を信じて、大いなる力を発現する

## ④ 本心・良心に従うかぎり、マイナスは生じない

つまり、われとは宇宙霊と通じている生命であり、進化・向上に沿う生き方（積極的な生き方）をするときに、わが生命に大いなる力が湧き出し、大きな見地から見れば、人生にマイナスが生じることはない、ということです。

これこそ、天風が日頃から教えていた内容でした。第一章で見てきたように、ヨーガの秘境で獲得した悟りにほかなりません。

悟りを得た天風が、ヨーガの里を去るとき、恩師カリアッパ師は、

「覚悟《かくご》の後の修行こそ大切である」

と語りました。

禅では、悟った後に修行することを「悟後《ごご》の修行」として重んじています。その悟りにとらわれることなく、むしろ悟りを忘れた境地に達するのをよしとしたのです。

天風の場合は、悟りを**心身統一法**へと昇華させています。このとき、天風は自らに次のような方針を与えました。

「人生を歩むときは、何をおいても、人間の使命（進化・向上に貢献するという使命）の遂行を心がけ、確固たる信念で、一歩一歩踏みしめていくことである。

- そのために、完全生命（強く、長く、広く、深くという理想の生命）を建設する。
- 完全生命を建設するには、生命力（体力、胆力、判断力、断行力、精力、能力の六つの力）を充実させる。
- 生命力を充実させるには、まず生命全体の統合を成し遂げる。
- これが成し遂げられると、生命の潜勢力が煥発される。
- すると、生命を確保しようとする、あらゆる機能が調和ある活動を開始する。
- 以上の道理に生きていくことは、心と肉体とを正しく処置し、統御して生きることである」（『哲人哲語』より要約）

このように人生の方針を明示して、天風は颯爽と信念に満ちた歩みを始めます。

## 瞑目しながらブザーの音に聞き入る「天風式坐禅法」の効用

信念ということについて、二番目に考えなければならないことは、いかに信念を煥発し強固にするか、という方法論についてです。その方法の一つに、第二章でくわしく紹介した**自己暗示法**があります。

「おまえは信念が強くなる」（命令暗示法）
「私は信念が強くなった」（断定暗示法）

という二つの暗示を継続します。

天風は、「自己暗示法を真剣に実行しさえすれば、信念はどんどん煥発される」（『運命を拓く』）と約束しています。続ければ、信念のなんたるかが分かります。

中でも、信念を強固にする最高の方法が、**天風式坐禅法**（安定打坐法《あんじようだざほう》）です。

かつて天風門下の初期の人物に、総持寺《そうじじ》の石川素堂《いしかわそどう》（一八四二～一九二〇）がいました。総持寺はもともと、石川県の能登にあった由緒ある寺です。開祖は瑩山《けいざん》禅師（一二六八～一三二五）で、曹洞宗では太祖と呼んでいます。ところが、この寺は明治三十一年（一八九八）に焼失してしまいます。

明治四十年（一九〇七）、今の鶴見に移して再建したときの貫主が、石川素堂でした。生き仏とまで言われた名僧であり、天風は、「石川素堂がオレの門下にいることは、オレの名誉だ」と称賛しています。

その素堂が、天風式坐禅法を実践して、こんな感想をもらしました。

「こんなわけなく接心（坐禅を修して、心を集中させ統一すること）のできる近道のあることも知らず、何と何と永い間修行し、さてさて接心把握の至難のことよとつくづく坐禅行の味得徹底の難しさを痛感していたものであった。しかし、このたびこの優れた真理を授かりしこと、何とも言えぬ仏恩でした」（『真理のひびき』）

では、素堂が絶賛した天風式坐禅法とは、どのようなものでしょうか。

――まず足を組んで、目を閉じます。禅では半眼にして坐りますが、天風は目をつぶることを勧めています。やがて坐禅中にブザーの音が流されます。この音に、ただただ集中するのです。すると意識は音と一つになり、「**一念**」の状態となります。当初はまだ音を聞こうとする意識が残っていますが、集中するとこの意識すら消えていきます。ただ音だけが存在している……。無我一念の境地です。

ふいにブザーの音が鳴りやみます。その瞬間、われに返るまでの一瞬ながら「**無念**」の状態に置かれます。坐禅法によって摑むこの「無念」の境地こそ、霊的境地にほかなりません。人は霊的境地にあるとき、信念が煥発されるのです。また、自分の生命と宇宙霊の生命のつながりが実感できます。信念とは、「生まれながらにして、霊性意識の中に入っているものであるから、雑念妄念を除いて、心の正体を出しさえすればぐんぐん出てくる」(『運命を拓く』)

と天風は教えます。

このように、ブザーを鳴らしたり切ったりして、「多念(雑念・妄念)→一念→無念」というステップを踏んでいけば、信念はどんどん煥発されます。これが天風式坐禅法です。

天風式坐禅法は、雑念や妄念を払って「考えない」こと、湧き上がってくる思いに「とらわれない」ことを目指しています。ここで注意してほしいのは、天風式坐禅法はあくまで坐禅法であり、瞑想法ではないということです。

瞑想の本来の目的は、「目をつぶって静かに考える」ことです。天風哲学では、**真理瞑想行**（別名「天風式瞑想行」）が瞑想法に相当します。

ちなみに真理瞑想行では、天風が語る「真理の言葉」を聞きながら瞑想します。準備として、天風式坐禅法によって雑念や妄念を払います。やがて天風がヨーガの里で摑んだ真理を語り始め、これをきれいになった心（霊性意識）で受け取るのです。

このように学ぶ方法を「**理入**《りにゅう》」といいます。理入の「理」は、真理の「理」です。

また、理入の「入」は、「悟入《ごにゅう》」で、悟りに入るという意味です。つまり、理性を超えて霊性レベルで受け取った「真理（天風が語る真理の言葉）」によって、頓悟《とんご》するという悟り方（修行の段階を経ずに、一挙に悟りを開くこと）が理入です。

天風が語った真理は、まさに天風の信念そのものでした。実際にどのような真理を語ったかというと、その内容は『運命を拓く』（原名『天風瞑想録』）という一冊にまとめられていて、誰でも手軽に読むことができます。

こうして毎晩、怠らずに自己暗示をしたり、天風式坐禅法を行っているうちに、「あっ、これが信念か」ということが掴めてきます。

信念とは本来、自分で会得すべきものです。禅に「冷暖自知《れいだんじち》」という言葉がありますが、水の冷たさや暖かさは説明しても分かりません。それより実際に手を水につければ、一発で体得できるということです。悟りや信念もこの類《たぐ》いです。他人に教えたり伝えることはできないのです。

## 「なりたい自分」になるパワーをどう貯め込むか

信念ということについて、三番目に考えなければならないことは、信念の働きです。

信念を煥発し続けると、**実在意識**と**潜在意識**ががっちりスクラムを組んだ協力体制ができ上がります。天風は、「実在意識でいろんなことを思ったり考えたりすることが、それとつながっている潜在意識とピターッと結びついてくると、ますます信念が、コンクリートが固まるように完全に固まってくる」（『成功の実現』）と言います。

実在意識は、意識したり、考えたり、想像したりする場です。ここで考えたすべてのことが潜在意識に送られます。潜在意識は思考したいっさいがっさいを呑み込む胃のようなものです。いいことも悪いことも、積極的なことも消極的なことも、どんなことも選択することなく呑み込み、ことごとくを消化します。

そして、思考したいっさいのことを現実化しようとします。強く熱心に思えば思うほど、潜在意識にその思いは刻まれ、これを形にしようとします。

実在意識と潜在意識ががっちりスクラムを組み、一枚岩にするのが信念であり、そうなったとき、信念は強固なものとなります。このとき、信念によって思ったことがどんどん実現していくことでしょう。いわゆる「信念の魔術」です。

天風会第四代会長の杉山彦一は、「信念とは、一つの目標に対して、全身全霊を投入して、万難を排し、絶対に達成せずんばやまずという激しい情熱に燃えている心理状態を言う」（天風会修練会の講義より）と、そのエネルギーの計り知れない大きさを評しています。また、この心理状態は恋愛とよく似ていると指摘しています。

そして、医学博士でもある杉山は、恋愛（信念）には次の六つの症状があると医者らしく診《み》立てます。

①「五感感覚の鋭敏」の症状

騒音の中でも、あの人の声だけははっきり聞き取ることができる。群衆の中でも、その人の姿を見つけることができる。五感を動員して相手を追っている。

②「研究心旺盛」の症状

あの人のことについては、どんなことでも知りたくなる。細かなことまで知りたくて知りたくてしかたがなくなる。

③「創意工夫・努力」の症状

偶然を装ったりするなど、どうしたらあの人と近づけるかを考え続ける。そんな努力をつらいとも思わない。

④「不撓不屈《ふとうふくつ》の精神」の症状

あの人のためなら、たとえ火の中、水の中という気持ちさえ芽生えてくる。

⑤「苦を苦とせず、むしろ喜びとしている」症状

あの人と同じ電車に乗れるなら三十分早起きする。しかも嬉々として出かける。

⑥「成就した日を心の中に描く」という症状

デートの成就を思い描く。頭の中ではその先のことまで成就していたりする。

このように、万難《ばんなん》を排し、不屈の精神で、苦を苦とせず、むしろ喜びとして追求する恋愛の心理状態は、信念の心理状態そのままです。

信念は、どんなハードルをも越えていこうとする巨大なエネルギーを発揮させます。何かを成し遂げるには、大きなエネルギーが要《い》ることはもちろん、びくともしない信念が求められます。

次ページからは、信念に関する天風の言葉を見ていきましょう。

## 20

### …金メダル企業と銀メダル企業の決定的な違い

信念　それは人生を動かす羅針盤の如き尊いものである。
従って　信念なき人生は、丁度長途《ちょうと》の航海の出来ない
ボロ船のようなものである。
それゆえに　私は真理に対してはいつも純真な気持ちで信じよう。
否　信じることに努力しよう。
もしも疑っているような心もちが少しでもあるならば、
それは私の人生を汚そうとする悪魔が、魔の手を延ばして
私の人生の土台石を盗もうとしているのだと、気をつけよう。

『天風誦句集（一）』

心に原点を持つことが大切です。心に確たるものを持っていないと、その時々の波に揉まれ、人生は惨憺《さんたん》たるものになります。羅針盤を持たないで大海に繰り出せばどうなるか、結果は目に見えています。

信念――それは長い航海を円滑に運ぶ羅針盤のようなものだと、天風は右の誦句で教えます。この誦句は「信念の誦句」の全文です。個人だけでなく、企業においても信念は不可欠です。京セラ創業者の稲盛和夫は、

「いつ、どのような時代でも経営者が常に心に留めておかなければならない、経営の原点と呼ばれるようなものがある」（稲盛和夫『新しい日本　新しい経営』）

と説き、経営がうまくいかないのは、こういう経営の原点をおろそかにしている結果であると言っています。

永続的に優良企業であるための秘訣は何か――これを探ろうとした研究があります。名著として名高い『ビジョナリーカンパニー』の著者、ジム・コリンズとジェリー・ポラスは、七百社のCEO（最高経営責任者）へのアンケート調査をもとに、時代を超

えて際立った存在であり続ける企業十八社を選び出しました。さらに、比較対象企業を十八社選出しました。前者の企業が金メダル企業であるのに対して、後者の比較対象企業は銀メダル企業です。この研究は、両者の違いを見つけようとする試みです。

調査の結果、金メダルの企業の特徴は**ビジョン**（基本理念）にありました。そこで、それらの企業を「ビジョナリーカンパニー」と呼ぶことにしました。

「ビジョナリーカンパニーは、基本理念を信仰に近いほどの情熱を持って維持しており、基本理念は変えることがあるとしても、まれである」（ジム・コリンズ／ジェリー・ポラス『ビジョナリーカンパニー』）

と、ビジョンが企業の基本的価値観になっていることを報告しています。続けて、「基本的価値観が百年をはるかに超えて変わっていないケースすらある。ビジョナリーカンパニーの基本的な目的、つまり存在理由は、地平線の上で輝き続ける星のように、何世紀にもわたって、道しるべになることができる」（同書）

とまとめます。まさに、ビジョンが長い航海を円滑に運ばせる羅針盤になっているということです。何世紀にもわたって道しるべになるという基本理念は、経営の原点であり、信念や羅針盤となります。

決して事務所の額に掲げられ、誰からも顧みられないカビの生えたような言葉ではありません。会社の一挙一動に染み渡っている共有信念なのです。だからこそ、逆境を乗り越えさせます。

さらに、『ビジョナリーカンパニー』は、次のように言います。

「ビジョナリーカンパニーのすべてが、過去のどこかの時点で、逆風にぶつかったり、過ちを犯したことがあり、現在問題を抱えている会社もある。しかし、ここがポイントだが、ビジョナリーカンパニーには、ずば抜けた回復力がある。つまり、逆境から立ち直る力がある」(同書)

信念を持っているから、逆境に強いのです。逆風が吹けば、吹き飛ぶような似非《えせ》の信条など、羅針盤にはなりません。

そうではなく、逆風が吹けば吹くほど信念は鍛えられます。また、信念がある企業は、どんな逆境からも立ち直る力を持っています。個人においても同じです。信念は、個人においても、企業においても永続的に成功する秘訣です。

# 21

## …ひょうたんから〝駒〟が出た「ダム経営」論争

同じことを絶え間なく、
はっきりした映像にして心に思考させれば、
言い方を変えれば、心のスクリーンに
想像というありがたい力を応用して描けば、
それは期せずして強固な信念となって、
その信念がいつかは具現化する。

『盛大な人生』

信念は思いを実現させます。天風が教える方法で、多くの人が成功し、病を克服しました。では、どのように思いを描けば実現するのでしょうか。右の言葉で天風は、

●はっきりした映像にして心に思考させる
●心のスクリーンに想像というありがたい力を応用して描く

と、想像力を応用して「映像化する」ことを勧めています。文字ではなく、あくまで映像として心に描くのです。
「実際の姿として、完全にできあがった姿にして、ありありと目に見えるように心のなかに描きゃいいんだよ」(『盛大な人生』)
と天風は念を押します。
映像を思い浮かべにくい人は、たとえば、雑誌などからイメージに近い写真を見つけて、膨らませてみてはどうでしょう。映像を描きながらも、「でも、できないよ」と足を引っ張らないために、あわせて自己暗示で信念を固めたいものです。

昭和四十年（一九六五）頃のことです。事業を大きくしたいと願っていた青年経営者の稲盛和夫は、経営の神様と呼ばれた松下幸之助の講演会に参加しました。幸之助は、**ダム経営**（余裕のある経営）の大切さを熱く説いていました。

参加者たちの間から、こんな質問が飛び出します。

「ダム経営の大事なことは分かりましたが、今、経営に余裕がないのをどうすればいいのですか」

幸之助は「私も知りませんのや」と答えた後、「しかし余裕がなけりゃいかんと思わなあきませんな」と話しました。

「答えになっていない」と、会場に失笑が湧き起こります。

ところが稲盛は、その言葉に震えるような感銘を受けたのでした。

**「まず思わなかったら実現しない」**

というメッセージが届いたのです。後年、稲盛は著書の中で、

「強烈な願望を描き、心からその実現を信じることが、困難な状況を打開し、ものごとを成就させる」（『心を高める、経営を伸ばす』）

と語っています。

このように語る稲盛は、天風哲学の信奉者です。そして当の天風こそが、「信念というものが、それぞれの人生に対する念願なり、宿願なりを達成する原動力となる」（『成功の実現』）と教えています。

稲盛はその経営の信念をまとめた「経営の原点十一カ条」の第六条に、

「強烈な願望を心に抱く」

という条文を掲げて、こう解説します。

「私の言う強烈な願望とは、心底からその達成を思い描き、それがこの潜在意識にまで透徹《とうてつ》していくような願望なのである。潜在意識に透徹させるためには、寝ても醒めてもすさまじくそのことだけを考え抜くしかない」（『新しい日本　新しい経営』）

これは本書の第二章で見てきたとおり、潜在意識を味方につけるということです。

さて、ここからは、稲盛の半生を紹介しましょう。彼も天風と似た苦難を突破した体験があり、天風哲学を招き入れる素地があったのです。

…現実はついに〝奇跡〟をしのぐまでになる

強固な信念がつくられると、
その信念は神秘的な感化作用だから、
いわゆる奇跡以上のよい現実が生命に現れる。

『盛大な人生』

京セラ創業者の稲盛和夫は、昭和七年（一九三二）に鹿児島で生まれました。生家は、明治維新の立役者である西郷隆盛《さいごうたかもり》（一八二八〜一八七七）、大久保利通《おおくぼとしみち》（一八三〇〜一八七八）らの誕生の地である加治屋町《かじやちょう》とは一キロほどのところにあります。稲盛は、尊敬する西郷隆盛の座右の銘「敬天愛人《けいてんあいじん》」を社是としました。

昭和二十年、中学受験に前後して、稲盛の体に変調が現れます。体がほてり、赤い発疹《ほっしん》が出るのです。診断結果は当時、不治の病といわれた結核でした。

叔父が同じ病で亡くなっていたこともあり、稲盛は強い不安に襲われます。さらにもう一人の叔父が胸の病にかかり、療養のために稲盛家に臥せていました。結核の家系ではないか、と稲盛は暗い思いにとらわれました。

ある日のこと、隣の奥さんが垣根越しに、

「和夫ちゃん、これを読んでごらん。きっといいことがあるから」

と本を差し入れました。それは谷口雅春《たにぐちまさはる》のベストセラー『生命の實相《じっそう》』でした。稲盛は貪《むさぼ》るようにその本を読み進めます。

「災難は、自らが呼び寄せるものだ。心の内に引き寄せる磁石があるのだ。それを取り去ることが先決であって、人に恨み言を言うものではない」（谷口雅春『生命の實相』）

「志す物事を呼び寄せるには、その思いを中断せずに、気長に、その希望と熱意を持続させなければならない」（同書）

という内容が印象に残ります。

**心は災難を呼び寄せることも、願う物事を呼び寄せることもできる**というのです。

天風にも、「心が積極的であれば、積極的なものを引きつけるし、心が消極的であれば、消極的なものを引きつける」（『運命を拓く』）という言葉があります。

——自分が結核になったのは、自らの心に病を引き寄せるものがあったからではないか。逆に治ると信じて希望と熱意を持ち続ければ、その願いは現実のものとなるはずだ、と稲盛は考えます。

戦時中のことでもあり、満足な治療は受けられません。六月には空襲に遭い、病人扱いもかなわないまま、疎開先で敗戦を迎えます。そんな生活の中で、治るという強固な信念が勝《まさ》ったのか、病は消え失せていました。

後年、稲盛は天風哲学に傾倒します。誰よりも天風自身が結核を克服したという体験が、同じ苦難を経た稲盛にとって、中村天風を親しみやすい存在にしたに違いありません。

「病は忘れることによって治る」(『心に成功の炎を』)

「病や不運に脅かされたとき、これを克服するのに何よりも必要なものは、心の力である」(『叡智のひびき』)

といった天風の教えは、稲盛の原体験に輪郭を与えていきました。ある人は、

「稲盛哲学が形成され、それを明確な形で打ち出すに至る過程で決定的な影響を与えたのが、ほかならぬ中村天風であった。

稲盛は天風の著作を読み、あるいは天風門下の人々から話を聞き、天風の生き方とその実践によって導き出された天風哲学に感銘を受けた」(大西啓義『燃えて生きよ』)

と指摘しています。

少年時代に結核を克服した稲盛は、天風哲学の影響を受け、やがて経営において幾多の苦難を突破し、奇跡のような成果を生み出していくのです。

23

……自分の能力を〝未来進行形〟でとらえる

信念で寝て、信念で起き、
信念で一日中を生きるべきである。

『真理のひびき』

昭和三十四年（一九五九）に、京セラ（京都セラミック株式会社）は発足しました。稲盛を慕う者たちが集《つど》ってのスタートでした。このとき稲盛は二十七歳という若さで経営者となります。新会社は幾多の試練を経て、やがて量産体制が軌道に乗り始めた昭和四十五年から、倍々ゲームという驚異の成長を実現していきます。

昭和四十九年には一部上場を果たしました。しかし数年後、成熟した経営環境の中で業績に陰りが見え始めると、その打開策として稲盛は異業種・異分野への進出を決意します。

隣の芝生は青く見えるかもしれませんが、新しい分野に挑戦するというのは高いハードルです。並大抵の努力では成功を収めることはできません。稲盛はこの頃、中村天風の著作を耽読《たんどく》していました。昭和五十三年、彼は天風の教えに影響されて、

「潜在意識に透徹するまでの強烈な願望を抱く」

という経営スローガンを掲げます。新しい分野でも際立った能力を発揮するには、すさまじく強烈な願望を抱くことだ、眠っている間も潜在能力を働かせることだ、と考えたからです。

京セラの仕事のやり方は、条件が厳しい注文でもあえて受け、睡眠時間を削ってでも、石にかじりついてでも技術的困難に挑戦するというものです。

創業して半年後。稲盛は、それまで取引がなかったソニーを訪ねます。当時の京セラはまだ無名の会社でしたが、粘った末にようやく技術課長との商談にこぎつけます。

ソニーではある企業に部品を発注していましたが、納期が過ぎても上がってきません。ほとほと困っていたときに、稲盛の訪問を受けたのです。しかし、最初に発注した企業とは比較にならないほどの厳しい要求を稲盛に出しました。

京セラでは深夜の二時、三時まで会議をし、何度も金型を作り替えました。考えられること、できることをすべて試し、納期の一週間前にようやく完成させます。

「納期が迫っているのに何も言ってこない。心配していたところだ」

とソニーの技術課長は対応しながら、稲盛が持参した試作品を念入りに改めます。

「これは使える。どうやって作ったのか」

柔和になった顔を稲盛に向けました。その後、ソニーは一貫して、セラミックス部品の注文を京セラに出すようになりました。

こうした体験から稲盛は、

**「自己の能力を未来進行形で捉えよ」**

と説きます。

「現時点ではとうてい実現不可能だと思えることをなんとか成し遂げようとする努力からのみ、驚くような成果が生みだされる」（稲盛和夫『成功への情熱』）

と稲盛は言います。

受注した時点の技術レベルではこなせなくても、納入時点では必要能力にまでレベルを引き上げて完納するということです。

このように、画期的な成果は未来進行形の能力観から生み出されます。そのために潜在能力を働かせるのです。これは、

「信念で寝て、信念で起き、信念で一日中を生きる」（『真理のひびき』）

という天風の教えを地で行ったものです。京セラには、基本理念として天風の教えが脈打っています。実際に社員の間でも天風の著作はよく読まれ、その精神が血肉となっているのです。

# …成功を呼ぶ三つの掛け算

あなた方の心のなかの考え方や思い方が、
現在あるがごときあなた方にしてるんだ。

『成功の実現』

平凡な人間であろうと、奇跡を起こすことができます。ごく普通の能力しか持たない人間だって成功することができるのです。

――稲盛和夫は京セラの歩みを振り返って、次のように語っています。

「創業まもなかった頃の京セラのような小さな会社が、並外れた才能の持ち主を社員として採用することは事実上不可能です。しかし、平凡な人間でも自分の持つ潜在能力の力を引き出せば、奇跡を起こすことができる、ということを京セラは示したのだと思います」（稲盛和夫『成功への情熱』）

稲盛が言う〝奇跡を起こす〟秘訣は、こんな方程式にまとまります。

**「人生の結果＝考え方×熱意×能力」**

人生は「考え方」「熱意」「能力」の掛け算によって決まるということです。

まず、「熱意」と「能力」は、それぞれ〇点から一〇〇点の間で評価します。

たとえば、八〇点という優れた能力の人でも、熱意が一〇点しかなければ、値は「八〇〇点」です。

京セラはその反対で、並外れた熱意で奇跡を起こしました。仮に能力を五〇点と見積もっても、一〇〇点という類い稀なる熱意で、値を「五〇〇〇点」にしました。このように熱意がなければ、どんなに能力が高くても掛け算の値は低いのです。

稲盛が「能力」を未来進行形で捉えていることについては、すでに触れました。現時点の顕在能力ではとうていクリアできない高いハードルでも、「熱意」によって潜在能力を働かせて、必要能力に達することができるのです。

この上に、「考え方」が加わります。考え方がプラスかマイナスかによって、人生の結果は一八〇度違ってきます。

プラスの考え方は、〇点から一〇〇点の間で評価できます。つまり、「プラスの考え方×熱意×能力」という掛け算によって、値をいっそう大きく建設的なものにすることができるのです。

ところが、マイナスの考え方をした場合は、考え方は〇点からマイナス一〇〇点の間で評価され、「熱意×能力」の値をマイナスにしてしまいます。しかも、マイナスのエネルギーが大きければ大きいほど、破壊的なパワーに転換されるという皮肉な結果となってしまうのです。

三つのうち、「考え方」が最も重要であると稲盛は指摘した上で、「心の曲がった天才が真剣に努力することほど危険なものはありません」

と注意を促します。天風は、

「あなた方の心のなかの考え方や思い方が、現在あるがごときあなた方にしてるんだ」(『成功の実現』)

と冒頭の言葉で指摘しています。ひっくりかえせば、現在の自分の姿を振り返ることによって、自分の考え方を点検できるということです。

考え方がマイナスの場合は、その信念もマイナスになります。これは信念ではなく妄信《もうしん》なのだと天風は言います。本当の信念とは、雑念や妄念を取り払うことで煥発《かんはつ》されるものです。

信念はプラスの領域にあるのです。プラスの信念は、潜在意識を建設的に働かせ、われわれの人生に奇跡を起こし、成功へと導いていくのです。

"奇跡を起こす"
天風の言葉

25

…すさまじき闘魂と大いなる寛容の絶妙なバランス

自己以外の人に対しては、
あくまで清濁《せいだく》併《あわ》せ呑《の》むという
寛容さを失ってはならない。

『叡智のひびき』

信念がなければ、人生は空《うつ》ろで定まらないものになります。あっちへウロウロ、こっちへウロウロするばかりで、自分というものがなくなります。

信念を持って、何かに向かって情熱的に生きることが大切です。ところが、信念だけでも困った問題が発生します。心が狭くなりがちなのです。松下幸之助は、

「強固な信念がなければ価値ある生き方はできない」（松下幸之助『松翁論語』）

と断言しています。しかし続けて、

「柔軟な融通性がなければ、心豊かな生き方はできない」（同書）

とも付け加えています。

人には、**強い信念と柔らかな融通性**という両極が必要だということです。

一国一城の主たる経営者には、信念に裏づけられた燃えるような事業欲がないと、業績を伸ばせるものではありません。しかし、信念だけでは経営は立ち行きません。人に対する優しさや柔らかさのようなものがなければならないのです。京セラ創業者の稲盛は、

「強いだけの経営者に人はなんの魅力も感じない。強さの中に秘められた優しさがあ

ってこそ、魅力溢れる、誰からも慕われる経営者となれる」（『新しい日本　新しい経営』）と言います。

本章では、信念の必要性を説いてきました。天風が教えるように、絶対積極の境地にあって「信念」を煥発した人物なら、寛容な精神に満ちていることでしょう。

ところが、大半の人々は絶対積極の境地にありません。それでも信念は必要です。そんな人が信念を抱くとき、幸之助が言うように「強固な信念と柔らかな融通性」という両極を意識することです。

戦前に生まれたある経営者の逸話を紹介しましょう。

若い頃から正義感が強かったその人は、戦時中は軍国主義に染まっていたのに、終戦後、ぬけぬけと民主主義教育を始めた教師が許せませんでした。そして、仲間とともに運動を起こして、その教師たちを厳しく糾弾しました。そのせいで数十名の教師が教職を離れることになりました。

後年、経営者として多くの従業員を雇うようになってから、彼は人の痛みが分かるようになりました。

「あのときの教師にも家族があったろうに、路頭に迷わせたのではないか」

と後悔の念が湧いてきます。後年、彼は、

「許しの深い人間にならなければ大きな仕事はできません。事業を行うには、懐《ふところ》の深さというものが鍵になってきます」

と語っています。

強烈な信念を持つと、ともすれば狭量になりがちです。このことを知って、人に対して寛容の精神で接することが大切です。そうであってこそ、魅力溢れる、懐の深い人物になることができます。

「気に入らぬ　風もあろうに　柳かな」

とは、心地よい風もあれば、気に入らない風もあるけれども、どんな風にも素知らぬ顔でなびくということです。気に入ることも、気に入らないことも、平然と受け止めることが、清濁併せ呑むの気概であり、寛容です。柳の木は、枝がふらふらとしているように見えても、地面の下にはしっかりと張った根という信念があるのです。

〝奇跡を起こす〟天風の言葉
26

……会社をリードする人間の孤独を支えた積極精神

# 野中の一本杉で行け

（山中鏆に贈った言葉）

かつて東武百貨店の社長を務めた山中鏆《やまなかかん》（一九二二〜一九九九）は、今の自分があるのは、二人の師のおかげだと述べています。

戦後まもなく伊勢丹に入社した山中は、最初の師である山本宗二《やまもとそうじ》（一九〇八〜一九七二）に出会います。〝デパートの神様〟とまで言われた山本は、他社から後れをとっていた伊勢丹を一流デパートにまで育て上げた人物です。後に山本は、五島昇《ごとうのぼる》（一九一六〜一九八九）からのスカウトで東横（東急百貨店）に移籍し、副社長として陣頭指揮を執りました。

やがて今日の東急百貨店の基礎をつくり上げた山本が、六十三歳の若さで亡くなったとき、東急百貨店社長の五島昇は、短い弔辞の中で心情を吐露しています。

「士は、自分を知る人のために死ぬという。中国の古典の言葉だが、君はまさに私のために死んでくれた。いろいろあったけれど私は君を本当に信頼していた。君にすべてを委《まか》した。君は期待にこたえて、全力をあげて東急百貨店を再建して死んでゆく。

人の評価というものは、棺を覆ってはじめてその評価が知れるといわれている。正に、君はすばらしい仕事をしてくれた」

と結んで、棺の前で声を張り上げて泣きました。

東急百貨店には、山本言行録ともいえるバイブルがあるそうですが、その冒頭に、天風の「甦えりの誦句」が掲げられています。山本は天風門下生だったのです。

伊勢丹の在職時代に、山本に連れられて天風の講演を聞いた山中鏆は、深い感銘を受けて天風門下に入りました。こうして、もう一人の師として天風を敬愛します。

ところで、山本宗二が伊勢丹を去った後は、その薫陶を受けた山中が営業の責任者を引き受けることになります。

もはや師であり、上司であった山本はいません。頼る者のない孤独感を山中は一身に引き受けて経営に当たりました。

あるとき、天風を囲んで会食したとき、山中がオーナー一族との確執で苦しんでいることを知った天風は、

「山中、おまえ一人か」

と尋ねます。そうです、と答えると、

「おまえは野中の一本杉だ。それで行け」

という一言を天風は贈りました。山中はこの言葉を、

「誰にも頼る者はない。風が吹く、雨が降る、雪が降る、嵐がある、あるいは天気のいい日もあるだろう。だが、これからは、自分一人でやれ。積極的な精神態度を持って、会社をリードしていけ」

と、天風が自分を励ましてくれたのだと理解します。

その後、老舗デパートの松屋を再建し、次には東武百貨店の社長に就きます。まるで師の山本宗二の歩みを追いかけるように経営の立て直しに奔走する中で、一貫して山中は「野中の一本杉で行け」という天風の言葉を信条とし、支えにしました。

- どんなにまわりの意見を聞いても、最後は自分で判断し、決断すること
- どんな逆境にあっても、積極精神を持ってやり抜くこと

この二つが、一本杉で行けの精神です。山中にとっては、一本杉で行くという教えに天風精神が凝縮されていたのです。

27

……毎日がわが人生〝最良の日〟

日々更新の宇宙真理に順応するには、まず自己の心を日々更新させなければならない。

『真理のひびき』

生命は進化・向上へと絶えず前進しています。前へ、前へと発展するのが、宇宙の法則です。この法則に順応して生きるには、第一に自分の心を日々更新することです。天風は、

「自己向上を正しく念願しないでいて、仕事なり、運命なりを向上させようとすることは、力足らずなのである」（『運命を拓く』）

と言います。

ある経営者は、毎日毎日が最良の日であると信じて、今日という一日を迎え続けていました。彼は、夜寝るときに、

「明日は、わが生涯、最良の日になる」

と暗示して眠りにつきました。そして翌朝、目が覚めたら、

「今日こそ、いい日だ。最良の日だ」

と断定します。すると、来る日来る日がつねに最良の日であり、時間がもったいなくて朝遅くまで寝ていうれないそうです。

実際、彼は徹底した朝型人間で、

「いいことがある。

ますますよくなる。

きっと、よくなる。

かならず、よくなる」

と朝から唱えていました。

中国古代の殷《いん》の湯王《とうおう》は、毎朝使う自分の洗面器に、

「苟《まこと》に日に新たにせば、日々に新たに、又《ま》た日に新たなり」（『大学』伝二章）

という言葉を刻ませていたといいます。

一日の始まりに体の汚れをすすいだばかりか、心をも洗おうとしたのです。

前述の経営者のエピソードは湯王の故事を想起させます。その経営者は、

「明るい展望で物事をとらえる習慣をつくると、信念に火がともります。前向きな明るい言葉で表現された信念は、建設的なエネルギーを持っています」

と語りました。湯王の国家経営も、その経営者の企業経営も、まず自らの明るく前向きな信念を起点としたのです。

# 第4章

# 「運命」はいくらでも好転する！

## すべては〝切り札〟の使い方一つ

積極的に生きるとき、思いもよらなかった力が発揮されます。人間にはもともと巨大な生命力（潜勢力）が具《そな》わっているからです。

積極を極めると、この力がむくむくと湧き上がってきます。たとえ途中では、どんなに挫折を味わい、失敗を繰り返そうと、前述したように、

「いいことがある。
ますますよくなる。
きっと、よくなる。
かならず、よくなる」

と念じ続けて、信念を強固にし、プラスの癖をつけることです。このプラスの癖が、成功と幸せを獲得させてくれます。天風は、

「いくら良い薬を用い、栄養を豊富に摂取し、その他の肉体的な方法を実行しても、心が消極的である限りは、健康一つでさえ思うように建設出来ず、いわんや運命開拓の力などは思いもよらない」（『真理のひびき』）

と言います。〝積極〟こそ、運命を好転させる薬の中の薬だということです。

ところが、気がつくとマイナス言葉を発していたり、知らずしらずのうちにマイナス行動を取っている人がいます。マイナスの癖が染みついているのです。

そんな癖の一つに、「他人のせいにする」というのがあります。自分に都合の悪いことが起こったら、すべて他人に原因をなすりつけようとする他責の思考法です。

その人にとっては、「他人のせいにする」ことが心の安定を保ち、楽に生きる道になっているのでしょう。それがどんなにダメな癖であっても、癖に従って生きていれば楽なのです。でも、そうしているかぎり、運命は好転しません。

では、プラスに転換するには、どうすればいいのでしょうか。いちばん簡単な方法は、第二章でご紹介したように、寝る間際に、

「おまえはプラス人間になれ」

と、自分自身に命令することです。そして翌朝、目覚めたらすぐ、

「私はプラス人間になった」

と断定します。寝際と目覚めのわずか十秒だけ……。たったこれだけで、プラス人間になれます。

寝室に張り紙でもしておけば、忘れることはないでしょう。毎日実行するだけで、運命はいいほうへと舵を切り始めるはずです。また、こうした継続が、第二の天性を獲得させます。

ポイントをまとめておきましょう。

- プラスの癖をつければ、運命は好転する
- そのための簡単な方法は、自己暗示法である

●たとえば、寝る間際に「プラス人間になれ」、目覚めたら「プラス人間になった」という暗示を継続すれば、おのずとプラスの癖がつく

## 「自分の可能性」を掘り起こす頭の使い方

それでは、天風の運命観を見ていきましょう。

「どうにもしようのない運命を天命といい、人間の力で打ち開くことの出来るものを宿命という」（『運命を拓く』）

と天風は分析します。整理すると、

●人間の力で変えることができない運命――「天命」
●人間の努力で変えることができる運命――「宿命」

となります。前者の「天命」は、変えることができない運命ですが、

「天命なんてものは、極めて僅かしかない」（同書）

と天風は言い切ります。たとえば男に生まれるか、女に生まれつくかは、すでに誕生の瞬間に決まっています。また、どの家に生まれ、どんな両親を持つかということも天命に属します。これらは生まれながらに決まっているものです。

しかし、そのような天命は極めて僅かしかありません。大半のことは自分の力で切り拓くことができる「宿命」です。それなのに、

「今の人達は自分がある程度努力して、この努力が実らないと、それを（自分の力では変えられない）運命だと思ってしまう」（同書）

と、天風は厳しく指摘します。

「たとえば病のときでも、一所懸命手を尽くしても治りが悪いと、〝運命〟だと思ってしまう。あるいは、事業を盛り返そうと一所懸命努力しても、自分の思うとおりにならないと、これまた〝運命〟だと思ってしまう。こうして何もかも運命だと、片付けてしまうのだけれども、人間の力では、どうにもしようがない運命というものは、

たくさんあるものではない」（同書）

と軽率な判断を戒《いまし》めています。改めて天風の言葉を見てみましょう。

「一所懸命手を尽くしても治りが悪いと……」

「一所懸命努力しても、自分の思うとおりにならないと……」

とあるように、一所懸命やる程度では運命は動きません。それ以上か、あるいは天風が教えるコツを実践することによって、運命を好転させることができるのです。

つまり運命を「天命」にするか、「宿命」にするか、は覚悟と技術の問題です。以降では、能力、容貌、寿命の三つについて、天命か宿命かを見ていきましょう。

まず「能力」について考えましょう。京セラ創業者の稲盛和夫が、

「自己の能力を未来進行形で捉えよ」

と言ったことは、前章で見てきたとおりです。この意味は、熱意があれば一定期間で必要な能力にまで高めることができるということです。能力とは、努力によって開

花する宿命なのです。こうして開花した能力は、自分はこれくらいのレベルだろうと思い込んでいた能力を、はるかに突破していることがあります。

天風が七歳の頃のこと。花札に、小野道風《おののとうふう》（八九四〜九六七）が傘をさし、カエルが柳に跳びついている絵札がありますが、幼い天風はこれを不思議に思っていました。

ある日、母が次のような説明をしてくれました。

小野道風という人は公家《くげ》でしたが、学問が苦手で、字と歌がうまくありません。悔しい思いをしていたものの、自分は才能がないのだと諦めていました。

そんなある日、雨上がりの庭を散歩していると、カエルが柳の葉に何遍も跳びついている光景が目に入ります。跳びついては落ち、落ちてはまた跳びついています。

「馬鹿なカエルだ」

と道風が見ているうち、何十回めかの挑戦の後にヒョイと飛びつくことができました。その瞬間、ハッと道風は気づきます。うまずたゆまず一所懸命にやれば、何事もできるのだと。それからは歌道に邁進《まいしん》し、書道に精進して、ついに日本一の書家になりました。

この話は、熱意が能力を開花させるという稲盛の能力観と同じものです。天風の不屈の精神の背景には、こんな母の教えがあったのでしょう。

小野道風を当代随一の書家にまで開花させたように、熱意によって、能力は予想を超えていくらでも開花します。能力は変えることができる運命だと信じて、自分の可能性を掘り続けてこそ、思わぬ天賦の才が開花するのです。

## 表情の筋肉を鍛えれば〝運命を拓く値千金の笑顔〟に

二番目に「容貌」ですが、顔の輪郭や、そこに配置された目や鼻や口といったハードウエアの部分は生まれながらのものです。しかし、これだけで容貌が決まるのではありません。

「表情」というソフトウエアが担っている部分が、思いのほか大きいのです。ハードウエアがどんなによくても、表情が暗く、いつも苦々しい顔つきをしていれば、人は寄りつきません。反対にハードウエアが整っていなくても、〝表情筋〟が鍛えられ、相手にいつも笑顔で接している人は魅力的です。輝くばかりの顔つきにすらなります。暗い表情を打破するのは〝鍛えられた笑顔〟です。表情には躍動感が求められます。ところが笑顔に慣れていない人は、頰の筋肉ができていません。無理して笑うと、なんとも貧相な表情になってしまいます。

ボディービルで均整の取れた筋肉がつくように、プラス思考の明るい笑顔を練習し、習慣にすれば、頰に魅力的な筋肉がつきます。人を惹き込む〝表情筋〟ができ上がるのです。

笑顔づくりのポイントは、笑顔が出にくい状況でこそ、あえて笑顔をつくることです。朝起きたときに笑ってみます。すると「おはよう」の言葉が明るく、積極的なものになります。

日本のあるスーパーマーケットでは、笑顔が最も乏しくなる時間帯に、スマイル・タイムを設けました。早朝と夕刻の二回、「ただいまからスマイル・タイムです」というアナウンスが流れます。これを合図に、スタッフたちは三十分間の笑顔を心がけます。そうしたところ、スマイル・タイム以外でも笑顔になることが多くなりました。また、これに比例して売り上げも上がってきたのです。

天風は、「笑顔の人の傍らにいると、何となくチャームされ、多少の煩悶や苦労があっても忘れ得る」（『研心抄』）と言います。容貌は笑顔によって人を魅了するものとなるのです。天風はまた、「笑いは無上の強壮剤である。また開運剤である」（224ページ）とも言います。

このように容貌は、プラスの構え方でグンとよくなるばかりか、躍動感がある表情によって開運していくのです。

## どうしたら「凡人」を卒業できるか

三番目に、「寿命」についてはどうでしょうか。

中国は明の時代に、「五十三歳で寿命がつき、子供には恵まれないだろう」と易者から予言された男がいました。しかし善行を積んだ結果、予言をくつがえして二十年も長生きし、子宝にも恵まれたという実話があります。

これはよく知られた話で、男の名は袁黄《えんこう》（一五三三〜一六〇六）といい、当初は学海《がっかい》と号していました。、後に了凡《りょうぼん》（「りょうはん」とも読む）と号を変えます。

もともと袁の家は江南の豪族でしたが、曾祖父の代に没落し、家産を失いました。また、幼い頃に父をなくした学海は、母の命《めい》じるところにより医術を学びます。

あるとき、長い髭《ひげ》をたくわえた立派な風貌の老人に出会います。いずれ名のある人と察し、敬意を払って挨拶をしたところ、

「おまえさんは官吏《かんり》（役人）になる人である。どうしてその勉強をしないのか」

と問われます。

老人は系統の正しい易者でした。試しに学海のこれまでの半生を占ってもらうと、ことごとく的中していました。その的中率に感心した学海は占いを信じ、役人になる

ため科挙《かきょ》の勉強を始めます。さらに老人は学海の近い将来を占い、「県の試験では十四番目で合格し、府の試験では七十二番目、道の試験では九番目で合格する」と告げました。翌年の試験では、すべて老人の予言したとおりの合格順位でした。そこで、一生涯の吉凶を占ってもらったところ、「次の試験は何番目に合格し、どういう出世をし、五十三歳で寿命がつき、残念ながら子供には恵まれないだろう」と人生のいっさいが告げられました。占いはその後もぴたりと的中し、学海は何事もみな運命によって定められているものだ、なるようにしかならないという運命論者になりました。

それからは恬淡《てんたん》として定めに身を委ね、欲が失われてしまいます。一種の悟りに似た心境に達したのでしょう。

学海は三十七歳のとき、南京《なんきん》の大学に遊学し、ある寺に寄ります。そこで雲谷《うんこく》禅師（七十歳前後の頃）を訪ね、一室にこもって静坐《せいざ》をしました。三昼夜も眠らずに坐りますが、邪念が湧くようすがありません。これには禅師も感心し、「どのような修行をなされたのか」と尋ねます。

学海は、「運命はみんな決まっているもの。妄想しようにも、起こす妄想がありません」と答えました。その言葉を聞くや禅師は、「なんだ、ただの凡夫《ぼんぷ》（普通の平凡な人）ではないか」と笑い飛ばします。

凡夫つまり凡人とは、この世の法則に束縛され、運命に支配されている存在です。

これに対して、善を極めて徳を積んだ人は、運命を超えることができます。自ら運命を拓けるのです。逆に、極悪の人は、運命を頼みにしても、自分の業《ごう》に引き擦《ず》り回されて凶運に翻弄されることになります。

学海は、表面的には悟っているように見えましたが、それは運命にあらがえないと思い込み、観念していただけの話です。所詮《しょせん》は占いに従っているだけの凡人であったということです。そこで禅師は、

「ただの凡夫ではないか」

と突きつけたのです。教えを乞う学海に雲谷禅師は、

「運命は自らつくることができる。心に向かってひたすら求めるならば、必ず通じるものだ。陰徳を積めば、福となり、やがては運命を超えることができようぞ」

と諭《さと》しました。こうして、禅師から善悪の基準を一表にした「功過格《こうかかく》」を与えられた学海は、運命に翻弄されないことを決意し、「了凡」と号します。

ところで禅師が与えた功過格とは、善い行い（功）をすれば「○」、悪い行い（過）をすれば「●」でチェックしていくものです。了凡は、功過格に従って「善行為の合計－悪行為の合計＝三〇〇〇点」を目指して努力した結果、徐々に老人の占いは外れていきました。

子は授からないはずが、一子をもうけます。また占いよりも二十年長生きし、七十四歳の長寿を得ました。運命を拓いたこの話は、息子の天啓《てんけい》に与えた『陰騭録《いんしつろく》』という古典に収録され、その後の民衆道徳に大きな影響を及ぼしました。

## 「積善日記」で人生の余慶《よけい》を大いに味わう

自ら運命を切り拓き、その体験を書き記した袁了凡の『陰騭録』は、古くから日本でも親しまれました。

江戸後期の儒者である広瀬《ひろせ》淡窓《たんそう》（一七八二〜一八五六）もその一人です。淡窓の生涯は病の連続でした。十八歳の冬に病はことさら重くなりました。彼の心中は穏やかではなく、『陰隲録』の和訳本を購入して貪《むさぼ》るように読んだそうです。

淡窓はさっそく「万善簿《まんぜんぼ》」の志を立てます。万善簿とは「善行為の合計―悪行為の合計＝一万点」になるように記録を積むもので、日本版『陰隲録』といえます。

しかし容易に一万善の達成はできません。決意を新たにして、五十四歳から十二年七カ月かかってようやく一万善に達します。一カ月当たり六十六善です。

さらに二回目の一万善に挑戦し、七十五歳で歿するまで倦むことなく実践しました。結果は、六千百二十五善でした。晩年に至るほど、善行為をしたという「〇」の数は増えていきました。

ここで、「宿命」を乗り越える天風の教えに戻りましょう。天風に従えば、「心身統一法」による積極的な生き方をすることが運命を好転させる秘訣でした。そこで、あなたも、「功過格」や「万善簿」で積善を行ったようにプラスのことを行えば「〇」、マイナスは「●」という記録日誌をつけてみてはどうでしょうか。

たとえば、「プラス行為の合計ーマイナス行為の合計」が、仮に一カ月で八〇点強、一年間で一〇〇〇点を目指すというような目標を定めてみるのです。

このように数値化することで検証が可能となり、「プラスの行為」と「運命の好転」との相関関係が明らかになることでしょう。

天風は、積極の道を歩み、生命の力を高めることで運命は拓けると教えました。が、運命を好転させるという功利的な目的のために、この道を歩むことは邪道だとしました。病が治っても治らなくても、成功してもしなくても、この道を歩むこと自体に価値があるのです。

運命が好転するというのは、この道を歩んだ結果です。五十四歳の淡窓が、決意を新たにして万善簿の志を遂行したのは、善を積むこと自体に価値を認めたからでしょう。同じように絶対積極の道をめざし、歩もうとすることに価値があるのです。

28

……今どんな種を蒔《ま》くかで「宿命」は変わる

そもそも人の境遇は　人それ自身がこれをつくる。
だから　日々の自己の人生はまた
私自身のつくるところに従う。
それゆえに今日一日、どんな場合にも　私は、
まず私の人生の一切を祝福し、
その栄光と吉祥とに感謝する心もちを確実に持とう。

『真理行修誦句集』

右の誦句は、「境遇改善の誦句」の一部です。この一行目に、「人の境遇は、人それ自身がこれをつくる」とあります。わずかな天命を除いて、すべての運命を人は自ら切り拓いていくことができます。天風の運命観は、

「宿命はすべて打開していくことができる」（『運命を拓く』）

というものでした。

このように、宿命を打開する人を、天風は「真人《しんじん》」と呼びました。真人は、積極的に生きるという道を歩み、変えることができない「天命」を受け入れ、「宿命」をコントロールして生きている人です。

ところが辞書で「宿命」を引くと、「前世に決まった運命。持って生まれた巡り合わせ」とあります。つまり、宿命とは前世から決まっていてどうにもならないもの……、どんな努力も無駄だから従うほかはない……、と考えられているようです。一般論で言えば、「宿命は変えられない」ということになります。

こういう考え方が染みついている人を「凡夫《ぼんぷ》」と呼びます。凡夫とは、物質的法則に縛られて生きている人です。天風は、

「物質主義で生きると、自分では気がつかぬかもしれないが、どうしても人生が物質的法則に縛られる」（同書）

と指摘します。その結果、物質的法則に縛られている凡夫は、

「何事にも、足らぬ足らぬの悩みをのべつ感じ、常に、いい知れぬ不平と不満とに心が燃える」、また「依頼心のみがさかんに燃え、価値のない迷信や陳腐な宿命論に自然と心酔し、果ては人生の安定を失い、うろうろと少しも落ち着きを感じない人生を生きる」（同書）

ことになります。凡夫は不平不満の日々を送りながら、「何かラッキーなことはないかな」と棚から牡丹餅《ぼたもち》を期待しているのです。

では、凡夫にも宿命を打開できるのでしょうか。

難しく考える必要はありません。「万善簿」の志を立てた広瀬淡窓は、善いことをすれば「○」、悪いことをすれば「●」をつけて、これらを差し引きして、白丸を一万点にするように心がけました。これと同じことをすればいいのです。天風の教えに従って行動できれば「○」、できなければ「●」をつけます。

たとえば真夏の昼下がりに、

「暑いな。やる気がなくなるよ」

とマイナス言葉を発したら「●」です。反対に、

「暑いな。よけい元気が出るよ」

とプラスの言葉を発すれば「○」をつけます。そして両者を比較し、白丸が圧倒すれば真人への道を歩んでいます。このように、

**①積極的であること**

を天風は第一に挙げました。あわせて、

**②感謝と喜びを心に抱くこと**

によって、宿命をコントロールすることができるといいます。

花は、蒔《ま》いた種のとおりにしか咲きません。たとえ凡夫であろうと、運命を拓くには〝真人になる種〟を蒔くことです。蒔けば、蒔いたとおりの人物になれます。

29

……幸せな人は、「天命」に従い、「天命」を生きている

天命に従い、天命に処し、天命に安住して、
何事何物にも、心から感謝した欣《よろこ》びを持ち得る人は
実際恵まれた生涯に活き得られる幸福の人である。

『安定打坐考抄』

〝日本資本主義の父〟として、産業界に多大な貢献をした渋沢栄一《しぶさわえいいち》（一八四〇〜一九三一）。彼が晩年、がんになったときのことです。病名にうすうす気づいても、医師に尋ねることはありませんでした。むしろ病床では、冗談めかした口をきいて周囲をいたわっていました。昭和六年（一九三一）、渋沢は九十一歳の生涯を閉じます。

「それは晏如《あんによ》として『天命』の上に仰臥《ぎようが》している感じだった」（渋沢秀雄『渋沢栄一』）

と息子の秀雄《ひでお》は記録しています。

**安心立命の境地**にある人は、どんな事態に遭遇しても狼狽することはありません。人力のすべてを尽くした後は、わが身を天命に任せ、後は思い煩うことがないというのが儒教のあり方です。『論語』をバイブルとした渋沢は、儒教に安心立命の境地を求めたのでしょう。実際、

「真の安心立命は儒教に依らなければ得られぬものと観念したが、青年時代より今日まで、決してこの心は動かなかった」（渋沢栄一『渋沢百訓』）

と、七十歳を過ぎた頃の渋沢は回想しています。そして、

「余《よ》は真の安心立命は天にあると信じておる」（同書）

とまとめています。

これは、天風の運命観と通じるものがあります。そもそも天風の運命観は、「運命（宿命）を統制し、天命に安住する」（『盛大な人生』）

というものでした。すでに述べたように、天命に属するものは、わずかしかないと天風は言います。この世に生まれたこと。老いること。やがては死ぬこと……。これらは動かしようのない天命です。

今、生きている人が、天命に属していることで悩み、「この世に生まれてこなければよかった」と嘆いても、どうにもなりません。天命は潔く受け入れ、素直にしたがうところに、安心立命の境地が得られます。つまり、

「天命に従い、天命に処し、天命に安住する」（『安定打坐考抄』）

ことです。

渋沢の人生は、まさに天風が言うとおり、人の力でなんとかなる「宿命」には自ら打ち拓こうとするものでした。あきらめた時点で、運命の勝ちとなります。

そして、人力を超えた「天命」には安住しました。渋沢は、
「人間の本分を尽して、あくまでも自己の働きによって倒れるまで力《つと》め、それ以上は天命に俟《ま》つべきである」（渋沢栄一『処世の大道』）
と説いています。
ここで「本分を尽くす」というのは、天から与えられた使命を自覚して、たとえ倒れようとも、力を尽くして使命を果たすことです。人力が及ぶかぎり、やって、やって、やり尽くすのです。すると、理屈ではなく、「後は天に委ねよう」という安心立命の境地に至るものです。
また、渋沢は言い換えて、
「人は天命に逆らうことなく、死生富貴《しせいふうき》を度外に置き、自分の為すべき本分を務むべきである」（同書）
と説いています。天命に逆らう生き方とは、天から与えられた自分の本分を尽くさない生き方です。そうではなく、人の領域で生きる私たちは、自分がなすべき本分にひたすら務めることです。

“奇跡を起こす”天風の言葉

30

……人は誰でも自分の中に“家主の声”をもつ

生きる正しい方法を知って生きたら、人生ぐらい愉快な、人生ぐらい恵まれた、人生ぐらいありがたいものはない。

『成功の実現』

路地裏を入っていき、その行き止まりの長屋に、朝から酒を飲んでゴロゴロと寝ている大工がいました。腕は立つのですが、酒癖がよくありません。そのため、しだいに人から見放されて狭いところにくすぶっていました。

ある日、家主が長屋を訪ねます。ここでも、「やい、家賃の催促か」と酔っぱらって、くだを巻く始末……。

「いや、今日は催促じゃない。ちょいと相談があって来たんだ」

と家主が言うと、「よけいなことを言うな」と相変わらず機嫌がよくありません。

かまわず家主は、

「わしがこれから毎日、晩酌に一本ずつつけてやる。家賃もまけてやる。その代わりと言っちゃなんだが、わしの言うことを聞かんか」

と大工の目をのぞきます。

「毎日、タダ酒を食らっておっても面白くはなかろう。朝起きたら道具を担いで、この長屋の修繕をしてくれないか。一軒一軒訪ね歩いて、壊れているところはないか、傷《いた》んでおるところはないかと聞いて、直してやってほしい。だが料金をもらっちゃいかん。わしが家賃をまけて、夕方になったら一本飲めるだけの手当てをやる」

「そんなことは朝飯前よ」

と、大工はさっそく立ち上がりました。もともと腕は立つので仕上がりは上々です。たちまちのうちに長屋中の評判になり、台所を直してくれ、床を直してくれ、屋根を直してくれと注文が舞い込んできます。

「礼金も取らずに、えらく感心な人だ」

と、みんなからありがたがられ、酒やおかずの差し入れがあります。大工の部屋には飲み切れないくらいに酒が集まり、食べ物も豊富になりました。

さらに評判が評判を呼んで、隣の路地からも、向こう横丁からも声がかかり、引っ張りだこになりました。そうなると張り合いができ、仕事にますます精を出します。家主のくれる手当てがずいぶんと残ります。酒を飲む間もなく、仕事をやってもやっても手が足りません。弟子を二人、三人と取るようになり、やがて堂々たる大工の棟梁になったそうです。

安岡正篤はこの話を紹介して、

「人間というものは心掛け一つで、真剣になってやりさえすれば、どんなにでも道が開けるものだ」（『活眼　活学』）

とコメントしています。大工は長屋の傷んでいるところを修繕するというプラスの行動を、日々取り続けました。万善簿で言えば、「○」を積み上げていったのです。その結果、酒を飲んで寝転がっていた頃とは比べ物にならないほどの、愉快で、恵まれた、ありがたい人生が開けました。

ここで忘れてならないのが、家主の存在です。家主は酒癖の悪い怠け者の大工をやる気にさせました。大工はあのとき、

「へん、馬鹿らしい」

と一蹴することもできたはずです。しかし実際はそうせず、「朝飯前よ」と立ち上がったとき、チャンスは大工の手に握られていたのです。

人は〝家主の声〟を、自分の本心や良心の中に見つけることができます。天風は霊性レベルになれば、こういう本心や良心が煥発されると言います。本心や良心を煥発することでセルフ・モティベートできるのです。

〝奇跡を起こす〟天風の言葉

31

……スランプを救った「日に新たなり」の精神

どんなに慣れても
決して狎《な》れてはいけない。

『哲人哲語』

「日常生活が勝負である」

と喝破し、十八期も名人位を保持した将棋の大山康晴《おおやまやすはる》は、毎日の生活リズムを保つことに心を砕きました。

その日に果たすべき仕事は、明日に繰り越すことなく着実に片づけていきました。リズムが狂うと、ツキが落ちると考えたからです。

大山に言わせると、〝ツキとは力を持続すること〟です。名人位を長期にわたって保持した秘訣は、日々のよきコンディションづくりにあったのです。しかし、これほどまでに生活リズムを保った大山であっても、五年周期でスランプに陥ったといいます。こんなとき、どうやって悪い状況を打破したのでしょうか。

## ①敗因を摑むまで反省する

大山の対戦ペースは、勝率七割台だといいます。逆に言えば、敗率二割台です。これが三割台に落ちると要注意だと考えました。

そこで、対局で負けると敗因を分析するようにしました。無理押しをしたからか、大局観が誤っていたのか、予想外に相手が強かったのか、勉強不足かを掘り下げます。敗因が分かれば、問題は半分解決したのと同じです。後はその原因を潰しさえすればいいだけです。そして負け戦のことはすっぱりと忘れます。クヨクヨしていては、次の対戦で伸びのある手が打てないからです。

### ②じっと耐えてチャンスの到来を待つ

どんなに苦しい立場に置かれても、チャンスは必ず巡ってきます。それなのに焦ったり、縁起を担ぎすぎたりすると、肝心のチャンスが見えなくなってしまいます。苦しくてもじっと耐え、いつか巡ってくるチャンスを物にすることです。

「運命であれ、健康であれ、それをより良い状態にするのには、特に更生のチャンスを絶対に逃さないことである」(『哲人哲語』)

と天風は言います。どんなに大きなスランプに陥っても、チャンスは平等に巡ってきます。勝機を信じ、焦らないことです。

大山が、敗因を分析した後、負け戦を忘れ去るようにしたのは、過去の失敗にとらわれると勝負どころで手が伸びなくなってしまうからです。何かにとらわれると、リズムは滞って、するりと勝ち運は逃げてしまいます。

## ③生活のリズムを変える

大山はマンネリズムを嫌いました。マンネリズムに陥ると前進はありません。たとえ勝てたとしても、それはこれまでの貯金を使っただけのことです。

昭和四十八年、大山は十八年間保持した名人位を失いました。すべてのタイトルを失って無冠になったとき、マンネリズムに陥っていることに気づきました。

さっそく、これまでの生活のリズムを変え始めます。将棋の指し方は、以前より積極的なものになりました。心機一転し、新人になったつもりで十段戦に臨んだのです。

タイトルを奪回したとき、大山は新聞記者のインタビューに、

「五十歳の新人ですよ」

と答えています。狎《な》れることからマンネリズムが蔓延していきます。スランプに陥ったとき、これを救うのは「日に新たなり」とする自分の心の持ち方です。

"奇跡を起こす"
天風の言葉

32

…運命好転を呼び込む生活リズムの変化

刹那《せつな》心機の転換というのは、
言い換えれば、如何なることでも、即座に、
心を積極的に切り替えることをいう。

『哲人哲語』

かつてヨーガの秘境で天風が修行し始めたときのこと。病のために微熱と喀血が続いていました。

「どうだ、気分は」

と聖者カリアッパ師は尋ねます。

「頭が重くて、調子よくありません」

と答える天風に、

「消極的な言葉を吐いて、それで病はよくなるのかい。弱い自己、不快な自己に義理立てして何になるんだ。より強く、より爽快になるには、言葉と行動を積極的にすることだ」

と教えます。積極的なリズムを取り戻したときに、天風の病は嘘のように消え失せ、運命は好転したのです。

前述の大山康晴は、負けが込むと歩調を早めたといいます。

意気消沈したり、焦ったりすると、不安、諦め、悩み、無気力、恐怖、絶望、引っ込み思案といった消極的なリズムが支配的になります。すると、気は停滞し、力が萎《しぼ》んで、人はうつむきがちに立ちどまってしまいます。決して幸運は訪れません。そんなときこそ胸を張って歩くことです。大山は、グングン人を追い抜く躍動的なリズムで勝ち運を呼び込もうとしたのでしょう。

積極思考を説く牧師のロバート・シュラー（著書に『信念』〔謝世輝訳〕、『いかにして自分の夢を実現するか』〔稲盛和夫監訳、ともに三笠書房〕などがある）は、

「積極的な言葉を強く口に出すことは、積極的なリズムを生む」

と教えています。

スランプから抜け出すコツは、言葉や行動から生活リズムを変えることにあります。低迷しても焦らず、リズムを積極的にすることです。

まだ大山康晴が少年の頃、『王将』の芝居のモデルとして有名な坂田《さかた》三吉《さんきち》（一八七〇～一九四六）は、記録係をしていた彼にこんな食事法を教えました。

「大山さん、食事するにしてもいつも同じものを食べていてはいけない。一週間に一

回は大食いをしなはれ。〝食べる日〟を設けて、腹一杯、よじれるぐらいに食べるのや。その代わり、残りの六日間は腹八分目で押し通すんや」

この食事法は、胃袋が膨れたり縮んだりするので、マンネリズムに陥ることがありません。大山はさっそく〝食べる日〟を決めて実行したそうです。

大人になってからはさすがに〝食べる日〟は中止しましたが、スランプに陥ると、真っ先に食事の種類を変え、生活リズムを変えてみたといいます。

リズムを変えると、心機が転換します。積極的なリズムを取り戻せば、運命は好転することでしょう。天風が冒頭の言葉（刹那心機の転換というのは、言い換えれば、如何なることでも即座に、心を積極的に切り替えることをいう）で勧めているのは、一瞬にして気持ちをプラスに切り替えることです。

リズムがマンネリ化し、立ちどまったときは、いつの間にか潜在意識にマイナスが沈殿しています。そこで瞬時にリズムを転換して沈殿物を払い、この一点からプラスを引きつけて、運命を好転させることです。

33

……誰にでもすぐ手に入る心の強壮剤・人生の開運剤

笑いは無上の強壮剤である。
また開運剤である。

『研心抄』

楽しいときに笑顔になるのは当たり前……。自ら運命を切り拓こうとする人は、笑顔になれそうにないときこそ、あえて笑顔をつくろうとします。天風は、

「おかしくも何ともないときに、嘘でもいいから笑ってごらん」（『心に成功の炎を』）

と促します。

笑うことで、楽しくなるからです。人には、「泣くから悲しくなる」というのと同様、「笑うから楽しくなる」という側面があります。笑うと、理由もなく晴れた気分が味わえます。

また天風は、

「鏡に顔を映して『ハハハハハハハハハハ』と笑ってごらん。きっとおかしくなる。笑うにつれて腹が立ってくることは絶対ないからね」（同書）

と教えます。これは、「ハハハハハ」と実際に笑うことによる自己暗示法です。「おまえは楽しくなる」とか、「私は楽しくなった」などと言葉で暗示する以上に、笑うことの効果は絶大です。笑った瞬間に、パッと心に楽しさが広がっているのですから。

どんなに悲観的な状況でも、笑えば、病も不運も吹き飛びます。この笑える余裕が、

積極です。

くよくよしてきたら、「笑い」の強制スイッチを入れましょう。あっという間に、マイナスの気分を吹き飛ばしてくれるはずです。


ところが意外にも、笑うのが下手な人が多いのです。その最たるものが、冷笑や嘲笑といったマイナスの笑いです。

たとえば不器用ながらも懸命に作業をしている人に、冷たい視線を投げかけ、フンと鼻の先で嗤《わら》うのは、相手を見下しているからです。マイナスの笑いは、人の価値を低める働きがあります。

世界に禅を伝えた鈴木大拙は、自分を重んずること（自重《じちょう》）から人間尊重は始まると言います。大拙が中国に行ったある日のことです。日本なら、

「小便すべからず」

と貼り紙がしてあるような路地で、

「君子自重」

と書いてあるのを見ました。

「君子は自ら重んぜよ、ああ、うまいことが書いてあると思って、そのとき、すこぶる感心したことがあります」と、大拙は講演で述べています。

前者の「小便すべからず」とは、ストレートで芸のない表現です。酔った勢いで路地に飛び込み、この貼り紙を見つけたら、自嘲的な思いにとらわれるでしょう。

一方、「君子自重」のほうはどうでしょう。こちらは路地に飛び込んだ人を君子と持ち上げ、徳が具わっているあなたには、自らを重んじてくださいと訴えています。相手に襟を正させ、紳士的に立ち去らせるだけのユーモアがあります。

人を重んじるところに、冷笑や嘲笑が出るはずがありません。

プラスの笑いは、相手の価値を認めるものです。そんな笑いは、たとえ笑い声で表さなくても、周囲の人たちを和やかに包み込みます。

笑いは、天風が指摘するように、無上の強壮剤であり、開運剤です。ともすれば、へこたれようとしている自分を持ち上げ、勇気づけることができます。また、行きづまった状況を切り拓くことができるのです。

〝奇跡を起こす〟天風の言葉

34

……この人の人生にこうして〝奇跡〟は起こる

**何事も世の人のためになるように心がけていれば、**
**運は自然に開ける。**

（山田務名に贈った言葉）

かつて天風会本部講師を務めた山田務名《やまだちかあき》（一九一四～二〇〇六）には、
「世のため人のためになるような働きをしていれば、運命は必ずよい方へ開けてくる」（山田務名『ベスナー写真館』）
という天風の教えがひしひしと実感される出来事がありました。

昭和十三年（一九三八）春、山田は満州の首都「新京《しんきょう》」の駅に降り立ちました。大学を卒業し、新天地への憧れを胸に、満州鉱業開発株式会社に就職したのでした。

当時の国民感情は、満州建国の理想に燃え、沸き上がっていました。加えて山田には、恩師の天風が若い頃、軍事探偵として幾度となく生死の巷をくぐり抜けた満州に特別の感慨があります。もし天風の教えに巡り合わなかったら、成人するのを待たずに命を落としていたかもしれません。

山田姓は、婿養子になってからのものです。父の高木助一は巡洋艦「千歳《ちとせ》」の艦長として活躍した人物です。また、祖父の高木市助は薩摩の島津斉彬《なりあきら》の近習《きんじゅ》として仕え、西郷隆盛や大久保利通とは同輩で親密な仲だったといいます。

山田は八人兄弟の末っ子でした。そのうち五人までが揃って結核で夭折《ようせつ》し、生き残った次兄まで、結核性腎臓炎にかかって片方の腎臓を摘出する手術を受け、旧制中学を休学していました。

紹介する人があって、次兄は天風のもとで修練することになりました。すると、わずか一カ月で復学できるほどに回復します。奇跡かと見まがうばかりの効果に、母はさっそく生き残った三人の兄弟を、天風会に入会させました。

山田は虚弱で、発熱しては小学校を休むという毎日を繰り返していました。母は三人の子供たちに、天風直伝の「**活力移送法**」（93ページ）で命の力を送り続けます。後で分かったことですが、その頃、すでに幼い山田の体は結核菌に侵されていたようで、もしも天風に出会っていなければ夭折していたかもしれません。

その後、九十歳を超える長寿を得、人生を全うした山田の胸には、肺結核の痕跡があり、肺活量も健常者の半分しかなかったそうです。

さて、元気になったことで、学業のほうも急激に向上していきました。大学で鉱山冶金《やきん》学を学んだ山田は、その技術を満州の地で生かすことを決意します。就職が決まって、天風に別れの挨拶をしました。

「満州はね、オレが昔、命懸けで働いた場所だ」

天風は青年会員を数名集めると、壮行会を開き、山田に次の言葉を贈ります。

「いろいろと危険や困難があろうが、おまえがここで身につけたことを実行して行けば、どんなことでもやれる。

天意にかなった創造的進化と向上、つまり何事も世の人のためになるように心がけていれば、運は自然に拓けるということを忘れるんじゃないぞ」

天風の声を聴きながら、――天風先生の教えを満州の新天地で試してみよう、運命を拓くのだ、と山田は誓っていました。かつて心身統一法で結核の危機を脱し、今また、その教えを指針にして実社会に旅立ち、生き抜いていく覚悟でした。


出発の直前に、母は息子の肩に手をかけ、じっと眉間をにらみ、その箇所へフッと息を吹きかけました。それは幼い頃、病弱を吹き飛ばすためにやった「活力移送法」でした。新しい運命を切り拓こうとする息子に、命の力を吹き込んだのです。

〝奇跡を起こす〟天風の言葉

35

…運命のほうから扉を開けてくれる人！

運命よりも心のほうの力がまさっているときには、
運命の力はいつも心の力の配下になってしまう。

『心に成功の炎を』

満州鉱業開発株式会社に就職した山田務名は、一カ月後に鉄鉱調査に出かけることになりました。はじめての出張です。同行者には、かつて東京大学の鉱山冶金学科で助手をしていたというベテランの中橋哲也がいました。

中橋は、山田が大学の後輩だと知ると、

「オレたち山師は……」

と、鉱脈を探して山野を渡り歩く山師の仲間として迎え入れました。行き先は奉天《ほうてん》でしたが、この方面には共産ゲリラが出没していました。そのため、小銃で武装した警官隊が護衛することになりました。調査地域の地図を見ながら、

「この尾根伝いならば、治安はいいでしょう」

と、警官隊の隊長は進言します。ところが翌朝、安全地帯で鉱脈を探し求め、調査を始めたとたん、激しい銃声が轟《とどろ》きました。

「伏せろ」

と誰かが怒鳴ります。山田たちはとっさにその場に伏せ、這《は》って岩陰に身を潜《ひそ》めました。絶え間ない銃声とともに、岩に当たった弾丸が飛び散り、猛烈な土煙が舞い上

がっています。

一行は身を伏せているだけで精一杯。もはや絶体絶命だと覚悟したとき、突如として山田の頭に、恩師天風の顔が浮かびました。山田は反射的に肛門を引き締め、下腹に気を込めるというクンバハカ体勢をとりました。天風は日頃から、

「有事に際しては、直ちにこの体勢をとることだ」

と教えています。クンバハカ体勢になると、山田の心から恐怖心が消え去りました。この体勢を保ちながら、精神統一を図っていきます。すると突然、

——あれは日本軍だ、
という直感がひらめきました。

こちらを共産ゲリラと間違えているに違いありません。山田は地図を取り出すと、両面に赤鉛筆で大きな円を描き、これを小銃に結びつけた即席の国旗をかざしました。しばらくすると銃声が鳴りやみました。はるか前方の尾根には、日章旗が振られていました。直観がこの場を救ったのです。

この一件の後、予定の調査に取りかかってみると、弾丸の当たった岩が見事なまで

に黒光りしています。表面が弾かれ、下から鉱脈が露出していたのです。しかも高品位の鉄鉱でした。幸運な鉄鉱の発見から始まって、山田は在職中に多くの成果を上げ続けます。

昭和二十年（一九四五）、満州国は敗戦によって消滅しました。ソ連兵が陸続と入ってきます。ある晩、近所の人たちが集まって雑談しているところへ、大男のソ連兵が土足で上がり込んできました。

「自分より強い相手と対等に応対するには、相手の目を見ず、眉間を見よ」

という天風の言葉がとっさに浮かびました。山田がこの言葉どおりに応対すると、高圧的だったその兵隊は急にオドオドとした態度になって出ていきました。

やがて帰国した山田は、石原産業常務、富士チタン工業社長を歴任します。そして、運命開拓の源となった天風の教えを後進に伝えるため、天風会の講師を務めるようになりました。

天風の教えが信念となったとき、その信念は幾多の壁を切り拓かせます。ここに取り上げた山田務名が特例なのではありません。

誰にだって、壁にぶつかることがあります。そこで「ダメだ」と諦めてしまうか、勇気を奮い起こしてその壁に挑むか、これが人生の分水嶺《ぶんすいれい》となります。天風が教える〝潜勢力〟を信じて行動すれば、どんな不安も壁もたちどころに消え、成功への道が見えてくることでしょう。天風は、

「運命よりも心のほうの力がまさっているときには、運命の力はいつも心の力の配下になってしまう」（『心に成功の炎を』）

と言っています。

人生や仕事でどんなに困難な状況にあっても、「心の力」が勝っているときは勝利します。決して疫病神は取りつきません。それどころか、**運命がおのずと拓け、自分に「奇跡」が起こる**のです。

本書で示した天風の言葉や教えを噛みしめれば噛みしめるほど、あなたの中に不思議な力が湧いてくるはずです。たった一度しかない人生で、勝利と喜びを味わっていただきたいと願っています。

（了）

## ◎主要参考文献

次にあげる文献のほか、筆者の師である杉山彦一氏（天風会第四代会長）の講義から引用させていただきました。

中村天風師の著書からの引用に当たっては、意味を損なわない範囲で、表現を読みやすく整えた箇所があります。また、一部の誦句は口語に直しました。

次の著作以外の参考文献は、本文中に明記いたしました。ご了承いただきたくお願い申し上げるとともに、厚くお礼申し上げます。


中村天風述／財団法人天風会『成功の実現』『盛大な人生』『心に成功の炎を』（日本経営合理化協会出版局）

中村天風『真人生の探究』『研心抄』『錬身抄』『安定打坐考抄』『哲人哲語』『天風誦句集（一）』『真理行修誦句集』（財団法人天風会）

中村天風『運命を拓く』『叡智のひびき』『真理のひびき』（講談社）

池田光『中村天風　折れないこころをつくる言葉』（イースト・プレス）

杉森久英『頭山満と陸奥・小村』（毎日新聞社）

宇野収・作山宗久『サムエル・ウルマンの「青春」という名の詩』（三笠書房）

松下幸之助『松下幸之助　成功の金言３６５』、『松翁論語』（ともにＰＨＰ研究所）

鈴木大拙『東洋の心』（春秋社）

安岡正篤『活眼　活学』（ＰＨＰ研究所）、『古典を読む』（明徳出版社）

安岡正篤他『安岡正篤とその弟子』（竹井出版）

奥崎裕司『中国郷紳地主の研究』（汲古書院）

本書は小社より刊行した『中村天風 口ぐせにしたい「奇跡の言葉」』を大幅に加筆・改筆・再編集の上、改題したものです。

中村天風《なかむらてんぷう》
めげない　ひるまない　立《た》ちどまらない

著　者――池田　光（いけだ・ひかる）
発行者――押鐘太陽
発行所――株式会社三笠書房
〒102-0072 東京都千代田区飯田橋3-3-1
電話：(03)5226-5734（営業部）
：(03)5226-5731（編集部）
http://www.mikasashobo.co.jp
印　刷――誠宏印刷
製　本――若林製本工場

編集責任者　本田裕子
ISBN978-4-8379-2785-3 C0030